Secretos de emprendedor

Qué conviene saber para no arruinarse

Philipp Fürst

Copyright © Philipp Fürst 2022

First independently published January 2023

All rights reserved. No part of this publication may be reproduced, stored or transmitted in any form or by any means, electronic, mechanical, photocopying, recording, scanning, or otherwise without written permission from the publisher. It is illegal to copy this book, post it to a website, or distribute it by any other means without permission.

Proofreading by Marta Pérez Braña (Spanish edition)
Cover design: AMR Publicitat (Girona, Spain)
Cover Photo: Clive Kim (South Korea)

ISBN: 9798354420575

Work information:
https://www.safecreative.org/work/2210212410728

A Laura, Nil y Ona

PRÓLOGO

Se iniciaba el curso 1986-87 en la Universidad Autónoma de Barcelona, donde impartía la asignatura Medios Publicitarios. Mi primera impresión acerca de Philipp fue de sorpresa y curiosidad. Por primera vez en muchos años de una larga carrera como docente de más de treinta años, un alumno me presentaba su ficha académica escrita a máquina. Nadie más lo había hecho y muy pocos lo harían después.

Cuando lo conocí, ya mostraba rasgos de su personalidad que sobradamente se reafirmarían al leer su obra 36 años después: analítico, reflexivo, responsable y, sobre todo, confiable y creíble.

Su larga y exitosa carrera ha potenciado esas cualidades incrementadas por la acumulación de su experiencia. El *junior* al que conocí y tuve la grata experiencia de mentorizar, es ya todo un excepcional *senior*.

Su *seniority* justifica sobradamente la lectura y relectura de sus treinta y tres amenos y formativos capítulos. Una simple ojeada al índice de contenidos invita a su lectura.

El autor se vacía en dar consejos de una enorme utilidad práctica. Sin ser un *coach* profesional obtiene un resultado, a mi juicio, magnífico.

El mensaje de fondo es tan cierto como simple: tenemos la facultad de elegir, por lo tanto, somos responsables de nuestro propio destino.

Frente a la fatalidad de que aquello "que nos sucede" y que suele responder a factores exógenos, tenemos la posibilidad de forjar nuestro propio destino con las decisiones que libremente elegimos y que hace que las cosas sucedan.

Conseguir que todo lo que deseas pase, es la gran lección del libro que vas a leer.

Personalmente he sido emprendedor en dos ocasiones y puedo ratificar la bondad y oportunidad de los consejos secretos puestos al descubierto por el autor.

Juan Antonio Chiva Planas
Ex profesor universitario y exempresario

DEDICATORIA

Un día de verano recorrí en escúter la caldera del volcán Batur en la isla de Bali. No había apenas nadie en la estrecha y polvorienta carretera. Los pueblos eran pequeños poblados con construcciones de aspecto efímero y provisional.

La sensación de recorrer la caldera de un volcán cuya erupción no es improbable, me generaba una extraña sensación de vulnerabilidad. En una de las largas rectas vi acercarse otra motocicleta. Éramos los únicos vehículos en aquel momento y al cruzarnos me pareció reconocer al hijo de unos amigos.

Me detuve y miré atrás. Él hizo lo mismo. Di la vuelta y efectivamente, era él. Estaba acompañado por una joven balinesa originaria de la zona volcánica y me dijo que la acompañaba a su casa. Su estancia en Bali finalizaba en breve y tenía previsto continuar hacia Australia.

Sabía que entre sus planes no había ninguna intención de volver a Europa. Intuía también, que Australia probablemente no sería su destino final. En realidad, le encantaba Bali. Sé que estaba contemplando volver y emprender. Al verle en aquel valle acompañando por una joven balinesa pensé que debía darme prisa en terminar este libro.

Plasmo aquí mi experiencia personal. Quizá algunos de los aprendizajes descritos en este libro puedan serle de utilidad para minimizar riesgos económicos. Le dije que lo estaba escribiendo. He aquí la obra finalizada.

Ojalá un día pueda volver a Bali o adonde finalmente decida echar raíces para contemplar su progreso.

EL SENTIDO DE ESTE LIBRO

Este libro se inició en las montañas de Bali, cerca de uno de los grandes volcanes activos en la pequeña isla indonesia. El lugar desde donde compuse el índice se llama *Heaven in Bali*, un pequeño hotel y oasis con una interesante historia.

Heaven in Bali me atrapó solo de entrar. Estaba invadido de vegetación y gruesas raíces, señal de haber crecido ahí sin molestar a nadie. La verja del jardín no se podía cerrar. El hotelero me dijo que llevaba abierta desde siempre, no por las raíces, sino por concepto.

Para llegar a la recepción había que cruzar un pequeño estanque con grandes piedras planas. El vestíbulo era un espacio abierto, cubierto por una estructura de bambú. El tejado estaba acabado con tejas rojas. En Bali llueve mucho y los tejados lo denotan. En la parte central había una piscina alargada, dándole un aspecto de lujosa villa balinesa.

En la parte oeste, en una de las alas, el propietario se había construido un despacho con una terraza orientada a los volcanes de poniente. Ahí le veía trabajar por las mañanas. Parecía un puente de mando de un gran crucero. Como si fuera una luz todo horizonte de un barco, tenía vistas en un arco de 360 grados. Solo le limitaban las plantas del jardín y las columnas de madera que sustentaban el necesario tejado.

Sentado en la terraza y soplando el viento en dirección Europa, no pude evitar pensar en la historia de nuestra empresa. Este libro va de emprendimiento, de mis vivencias y aprendizajes. Fundamos nuestra agencia hace seis años y hasta ahora, ¡viento en popa! Toquemos madera.

Mi vida laboral me ha ocupado muchas horas del día. Empecé desde cero y nadie me ha regalado nada. Todavía recuerdo la inquietante sensación de no tener un euro en el bolsillo. Ahora bien, si me comparo con Ngurah, ese joven camarero del restaurante La Cantina en el barrio Nyuh Kuning de Ubud, probablemente mi inicio era más fácil. Solo nos damos cuenta de nuestra realidad cuando salimos de nuestra zona de confort.

Ngurah será empresario, sin duda alguna, pero antes quiere ahorrar. Está postulándose para servir en un crucero. Le pregunté por cuánto tiempo pensaba enrolarse y me contestó que durante una década. Ngurah está casado y será padre dentro de pocos meses. No me tuve que sacrificar tanto.

En este viaje me he dado cuenta de que podemos simplificar los procesos de nuestra empresa y también de mi vida. Un trabajo mal remunerado, un entorno laboral nocivo, unas oportunidades limitadas por unas circunstancias económicas adversas o simplemente una ciudad imposible de costear, no son condiciones inamovibles.

Emprender es un posible camino, aunque solo daremos el paso si la situación traspasa nuestro límite de resistencia. Emprender necesita valentía y un punto de locura.

En nuestra sociedad occidental, lo material nos ata y esclaviza demasiado. A lo largo de los últimos meses aprendí que lo material dejado atrás ya no me importaba. Lo importante son las vivencias y los recuerdos No me arrepiento del camino recorrido. Pero, de haber viajado más, probablemente hubiera aprendido que con menos se es mucho más libre.

Aposentarse en algún momento y lugar es inevitable, pero no deberíamos acumular más de lo que cabe en una mochila. Las vivencias, las amistades, la confianza de la familia deberían ser bienes irrenunciables. No ocupan lugar. Pueden ser tan inmensos como uno quiera. Debería ser nuestro templo inmaterial más preciado y cabría siempre en una mochila.

Tengas la edad que tengas, si tienes inquietudes de progresar, no esperes demasiado tiempo en llevarlo a cabo y, si te sale bien, no inviertas los excedentes en crearte nuevas obligaciones. Al revés, una empresa debería ayudarnos a ser más libres y vivir con menos. Debería servir para adquirir tiempo, para viajar y aprender, y así convertirnos en personas más conscientes.

¡Toda la suerte en la empresa de tu vida!

CONTENIDO

	El sentido de este libro	ix
	Agradecimientos	xvii
PRIMERO	Introducción	1
SEGUNDO	Una vida laboral fácil o difícil ...	5
TERCERO	Por cuenta ajena o propia	11
CUARTO	Cuándo dar el paso	15
QUINTO	Domina tus miedos	19
SEXTO	Qué significa ser empresario	23
SÉPTIMO	No inviertas	27
OCTAVO	Cuánto pesa lo decorativo	31
NOVENO	No inventes la rueda	37
DÉCIMO	Haz ingresos	43
UNDÉCIMO	Adapta el plan de negocios	47
DUODÉCIMO	Marca y tagline	51
DECIMOTERCERO	Vende lo que se compra	55
DECIMOCUARTO	No causes daño	61
DECIMOQUINTO	Los búhos y los ratones	65
DECIMOSEXTO	Piensa planetariamente	69
DECIMOSÉPTIMO	Precio percibido y valor	75
DECIMOCTAVO	Cuánto necesito para arrancar	85
DECIMONOVENO	Cómo tener un hotel sin invertir ..	87
VIGESIMO	Saber facturar y controlar la caja ..	91
VIGESIMOPRIMERO	La cuenta de resultados debe sonreír	95
VIGESIMOSEGUNDO	Forecast	99
VIGESIMOTERCERO	Los clientes se pierden	103
VIGESIMOCUARTO	Ponte un salario	105

VIGESIMOQUINTO	Repartir o reinvertir beneficios ...	109
VIGESIMOSEXTO	Socios o no, esa es la cuestión	113
VIGESIMOSÉPTIMO	Pacto de socios	117
VIGESIMOCTAVO	El arte de gestionar personas	121
	El sentido del trabajo	122
	La importancia de la palabra	127
	Autorizar y motivar	128
	Contratar personal	130
	Retener personal	133
	Sustituir personal	135
VIGESIMONOVENO	Enfermedades organizativas	137
	Evitar los reinos de taifas	138
	Evitar abusos de poder	141
	Rumorología	142
TRIGÉSIMO	Cuando sientas la inercia, innova ..	145
TRIGESIMOPRIMERO	Murphy existe	147
TRIGESIMOSEGUNDO	No te olvides de vivir	149
TRIGESIMOTERCERO	Descargo de responsabilidad	153

AGRADECIMIENTOS

Esta obra no existiría si mi socia en Medialog, con quien sumamos una amplia y cómoda mayoría, no me hubiera apoyado en mi aventura asiática. Mientras en Europa se dormía, tuve las mañanas para crear.

He podido emprender gracias a la confianza que depositaron en mí muchos empresarios y directivos de importantes agencias de publicidad. Sin su apoyo durante mi carrera profesional, jamás hubiera aprendido a gestionar equipos, la base de una empresa.

Quiero también dar mis más afectivas gracias a mi compañera de vida, que siempre me ha apoyado. Con ella hemos sido capaces de formar un núcleo familiar de mucha complicidad, algo imprescindible para tener estabilidad en la vida laboral. Todo lo recorrido hasta ahora no tendría sentido para mí, si a nivel personal no tuviera estabilidad.

Finalmente, tuve la fortuna de coincidir con Juan Antonio Chiva Planas, mi profesor de marketing en la etapa universitaria. Él fue mi mentor; gracias a él pude subirme al tren de la publicidad. Juan Antonio fue el verdadero promotor de mi carrera profesional. No sería publicitario si no me hubiera recomendado a su amigo José Martínez-Rovira, un astuto y severo empresario, artífice de la disrupción del acomodado sector de las agencias de publicidad en los años ochenta. Martínez-Rovira levantó la primera agencia de medios en España y lideró el mercado durante decenios casi en solitario.

Por último, agradecer al lector haber escogido este libro. El mundo está lleno de oportunidades. Ahora bien, nada se hace sin esfuerzo y nada ocurre si no se empieza.

1 INTRODUCCIÓN

Si montas tu negocio en una caldera de un volcán activo, la probabilidad de una erupción es elevada. Intenta ser ligero. Así, si el volcán entra en erupción, podrás cambiarte de lugar rápidamente.

Sentado en el lobby del hotel *Heaven in Bali*, mi reloj marcaba las seis y media de la tarde. Ya había oscurecido. Veía a los empleados del pequeño hotel preparando la cena. En Bali se cena temprano; en la montaña todavía más.

Me había puesto un jersey. Estábamos a siete de agosto y me había aclimatado. Por las noches tenía sensación de frío, aunque las piedras del camino de la habitación al hall estaban calientes del sol. Notaba la energía acumulada en mis pies descalzos.

Había poca iluminación. De hecho, en todo Bali hay muy poca luz durante las horas nocturnas. En la mayoría de los sitios ni siquiera tienen alumbrado. Si alguna vez vas a Bali, no te olvides la linterna. Es como en la creación de una empresa: ¡ten siempre un foco a mano!

Por la tarde recorrí andando la carretera que rodea el lago de la caldera del volcán Batur. Era un paseo instructivo. La basura a ambos lados del camino lo afeaba. En Bali no saben qué hacer con los desechos. No hay recogida de basura. Muchos tampoco pagan impuestos. Los servicios públicos son mínimos o directamente inexistentes. La diferencia entre Bali y Europa es que mientras en Bali la basura está visible por todas partes, en nuestro entorno está concentrada en vertederos. El problema es el mismo, pero la percepción es distinta.

Mientras avanzaba por la carretera iba pasando pequeños poblados. Se veía mucha pobreza, aunque no descontento. Los balineses sonríen al verte y nunca falta la pregunta adónde vas. En cada aldea había varios comercios que vendían bebidas, snacks y gasolina embotellada en envases de vodka reciclados. En general, todo lo que se veía a la venta era poco saludable y, debido a los plásticos, poco sostenible. Pero, recuérdalo, lo que está a la venta es lo que se compra.

En el último pueblo me detuve en uno de los comercios. Era un negocio familiar y estaban presentes todas las generaciones, desde el bisabuelo a los bisnietos. El mostrador era un largo tablón cubierto por un anodino mantel de plástico a cuadros. Estaba lleno de productos embolsados y unos recipientes de plástico que contenían fruta cortada.

Mientras el abuelo me preparaba una pequeña piña con un rudimentario y afilado cuchillo, unas niñas balinesas, sentadas en un improvisado banco, se comían fruta cortada mezclada con hielo. Reían hablando de mí. Pocos turistas se pasean por estos lugares. No era la Nusa Dua del G20. No había ningún rincón con encanto. Los balineses sobreviven con mínimos.

Cuando pregunté qué debía, la nieta me dijo diez mil rupias y el abuelo le corrigió a veinte mil. No hay precios uniformes en Bali. Cada uno pide lo que le parece o lo que su competencia le permite. Eso unido a que a los turistas nos miran como si fuéramos billetes andando, acabé pagando veinte mil.

Semanas más tarde volví a *Heaven in Bali* con la intención de escribir el epílogo. Ya había concluido el contenido principal del libro. Rodeado de una espesa natura, dormía en una cama calentada con mantas eléctricas y oyendo pasar el agua por el estanque que rodeaba las habitaciones. Pensar en nuestra compañía era inevitable.

Por la noche, cuando llovía con intensidad, prestaba atención a las gotas que caían sin tregua sobre el tejado. Me imaginaba en el camarote de un velero en medio de una tormenta. La humedad era intensa. Cada vez que me giraba, notaba la almohada húmeda. Pero, estaba protegido y sabía que nuestra empresa seguía adelante.

Afortunadamente, nuestra empresa avanza bien. A nivel financiero estamos saneados y hacemos frente a los pagos con la puntualidad que nos permite la idiosincrasia de España. Podía conciliar el sueño incluso bajo las intensas lluvias de Bali estando nuestra sede a varios miles de kilómetros de distancia.

A pesar de existir solo desde hace seis años, nuestra tesorería sonríe. Probablemente tuvimos suerte, aunque esfuerzo no ha faltado. Haber apostado por no cargarnos con pesadas mochilas, ser colaborativos y tener todo en la nube, nos ha permitido alcanzar una libertad que no podíamos imaginarnos al inicio. Habíamos decidido por intuición, haciendo caso al estómago. En gran medida acertamos en el modelo de negocio.

Empujar una empresa debería servir para tener un trabajo con sentido y, sobre todo, ser más libres. En lugar de acumular bienes, oficinas y apalancamiento financiero, debemos desprendernos de prácticamente todo. Así, si la empresa funciona se puede trabajar desde cualquier sitio. Moverse no es un problema.

He escrito este libro pensando en personas de espíritu joven y emprendedor, independientemente de su edad biológica. Yo me independicé a los cincuenta y cuatro años. Emprender no es un asunto de edad, sino de valor y actitud, en ese orden.

Crear tu propia empresa es apasionante. Y si sale bien, la libertad de decisión es probablemente una de las compensaciones más grandes. Ahora bien, en la medida de lo posible, intenta que la empresa no se convierta en tu casa.

La empresa que montes debe ser un generador de ingresos, una solución a tus necesidades básicas en la vida, pero no debe ser tu hogar. Creo que es importante separar la vida personal de la laboral. No quisiera vivir en nuestra agencia como Rick en su hotel, por muy buenas vistas que tenga. Preferiría volver otra noche y darle un sentido abrazo.

Está bien montarse un mostrador en los bajos de tu refugio como aquella familia junto al lago de la caldera del Batur, pero procura progresar para separar tu área privada de la laboral. Así podrás cambiar de refugio siempre que lo necesites.

Cuando pienso en mi hogar en Europa, llevando ya muchas semanas vistiéndome de una maleta, creo que también se podría simplificar. He decidido vivir con menos. Quiero librarme de las ataduras de lo material, incluso de las maletas grandes. Conviene viajar con una simple mochila.

Una empresa necesita lo justo para empezar, como ese comercio familiar en el volcán Batur. Todo lo demás es complementario, cuesta dinero y resta rentabilidad. Estudia bien por qué vienen los clientes y si con lo que tienes es suficiente, no lo compliques con inversiones irrecuperables. Es mucho mejor abrir una segunda localización o incluso una tercera. Amplía horizontalmente y diversifica, no entierres inversión verticalmente.

Eran las nueve de la noche. Unos huéspedes franceses, sentados en la mesa de la piscina, habían terminado de cenar y se retiraban a los dormitorios. Era negra noche. En la cocina estaban lavando los últimos platos y contándose cosas de la vida. Se oían los grillos y algunos pájaros nocturnos. *Heaven in Bali* se iba a dormir.

Bienvenido al emprendimiento. Mañana será un gran día.

2 UNA VIDA LABORAL FÁCIL O DIFÍCIL

Los financieros suelen ser los mensajeros de las malas noticias. Su trabajo consiste en evidenciar el destino económico de la empresa. Si la parte comercial no acierta en la generación de negocio, la solución más efectiva es recortar gastos.

Muchas veces he pensado que he elegido el camino difícil. Podría haber sido profesor universitario, tener un puesto fijo en alguna facultad y disfrutar de mis clases y mi tiempo libre. Todo sería más previsible. Sabría cuándo preparar el curso. Conocería mi horario de clases con antelación. Incluso conseguiría un año sabático tras acumular suficientes semestres. Tener un periodo de higienización mental sería muy útil para muchos.

La idea de ser docente universitario siempre me ha parecido atractiva, aunque conseguir un puesto fijo está reservado a unos pocos. Durante muchos años di clases como profesor asociado en dos universidades de Barcelona. El mundo de la docencia tiene muchas compensaciones, sobre todo si te dedicas con pasión y aplicas el método científico a lo que explicas. También es un mundo de fácil acomodación. He conocido a profesores que repetían las mismas clases una y otra vez. Como los clientes cambiaban cada curso, para el nuevo alumnado la temática era desconocida.

A veces maldigo no haber escogido el camino de un puesto de funcionario. Acomodarse un poco y disfrutar de los placeres de la vida es un posible camino laboral. Además, si trabajas para un organismo público se goza de una amplia protección laboral, especialmente en Europa. Piénsalo, aún estás a tiempo.

En otras latitudes del mundo canta otro gallo. En Indonesia, por ejemplo, te espabilas o no comerás *nasi goreng*. En Bali, desde donde escribo estas líneas, uno toma consciencia de nuestro bienestar en Occidente. La seguridad social, las prestaciones por desempleo, las ayudas del estado, todas estas protecciones de las que nos quejamos tan fácilmente, en otros países simplemente no existen. Durante la pandemia del dos mil veinte, el estado indonesio se limitaba a repartir raciones de arroz entre su numerosa población.

En Occidente se puede tomar el camino de la protección laboral. Es una opción de vida. Y está bien si se hace con honestidad y no para aprovecharte del estado del bienestar. En ese entorno he conocido trabajadores brillantes y apasionados, personas inteligentes y generosas con voluntad de contribuir a un mundo mejor. Optar a un puesto fijo por oposición es una opción laboral. No es fácil lograrlo, aunque una vez superado, la compensación de la seguridad laboral es muy grande.

Algo similar ocurre en las empresas familiares. Si el equipo directivo se deja presionar por los propietarios, la probabilidad de lograr un puesto laboral por pertenencia o sucesión es elevada. No hay nada malo en ello. Si se hace con honestidad y se responde profesionalmente, pasar por la vida con esa fortuna hereditaria es magnífico. Sería una insensatez no aprovecharla. Ahora bien, continuar un negocio es algo extremadamente delicado. Es un equilibrio muy frágil por muy consolidada que parezca la empresa. Es muy fácil echarlo todo a perder en muy poco tiempo.

Impresionan ejemplos emblemáticos como Codorniu y Freixenet, dos monstruos del mundo del cava, que han pasado a manos de otras grandes corporaciones tras más de cien años de existencia independiente. Eran empresas familiares con un fuerte componente de gestores pertenecientes a los herederos. A pesar del enorme éxito de estas empresas, acabaron sucumbiendo a los intereses contrapuestos de los distintos primogénitos. Muchas veces falta una gestión profesional en las empresas familiares y acaban perdiendo velocidad.

Las estadísticas indican que el ochenta por ciento de las empresas familiares no pasan de la tercera generación[1], aunque también existen las excepciones como Tabasco. Esta emblemática empresa, fabricante del conocido condimento de pimienta y vinagre desde 1868, lleva cinco generaciones con éxito, aunque aplicando con rigor un pequeño secreto de gestión empresarial[2]. El mecanismo de sucesión contempla emplear candidatos de la familia, pero solo si consideran que un día serán capaces de dirigir la compañía. Un ejecutivo familiar de Tabasco hace de mentor y se encarga del seguimiento. Si considera que el candidato no es promocionable, se le invita a salir. Así de sencillo y claro.

Elige tu camino. Si eres honesto y comprometido, optar a un puesto público no es una mala opción. La sociedad lo necesita. Todo estado necesita funcionarios honestos que ayudan a gestionar la sociedad. Puedes convertirte en bombero, policía, profesor universitario, maestro o empleado público sin renunciar a un trabajo con sentido. Tu esfuerzo contribuirá a que la sociedad funcione. Lo difícil en este caso es superar la puerta de entrada. Pocos lo consiguen.

El camino de la empresa privada, en cambio, es más despiadado. No ofrece ninguna seguridad laboral. Al principio no te das cuenta de ello. Cuidas tu currículum, aplicas a ofertas de empleo, pasas entrevistas, incluidas las absurdeces que algunos procesos de selección te obligan a hacer. Una vez te eligen, entras motivado al nuevo empleo y está bien que sea así. Un trabajo debe satisfacerte, de lo contrario, mejor cambiar de barco.

A finales de los ochenta, empecé en una innovadora agencia de medios que había alterado el estatus quo de las agencias de publicidad en España. Iba recomendado por uno de mis mejores profesores y mentores[3]. No fue gratuito. Me esforcé sin descanso a dar lo mejor de mí durante mis estudios universitarios y afortunadamente el profesor confió en mí.

---

[1] Del Pozo, M. (2018, marzo 22). Freixenet: Así se gestó la venta a Henkell. Recuperado de: https://www.expansion.com/blogs/peon-de-dama/2018/03/22/freixenet-asi-se-gesto-la-venta-a.html
[2] https://www.siouxfalls.business/tabasco-ceo-shares-secret-sauce-behind-family-business/
[3] Juan Antonio Chiva Planas, mi profesor de marketing y mentor durante mi inicio laboral. Siempre dice que fui su mejor alumno, que no creo, pero él sí fue mi mejor profesor y protector. Sin su confianza en mí, estas líneas no existirían.

Tras la entrevista volví a la Universidad y le dije que ese puesto no me motivaba del todo. En realidad, me motivaba muy poco. Me consideraba mucho más creativo que para estar revisando comprobantes de publicación. Mi mentor me miró atónito y me dijo que debía aceptarlo. No mostró un ápice de compasión por mis sueños, pero no podía defraudarle. Dio su palabra por mi integridad personal. Una semana más tarde comencé a trabajar como comprador de medios a las órdenes de la directora de la oficina barcelonesa de Media Planning. Gloria Brito, la persona de confianza del visionario José Martínez-Rovira, era un enorme Pigmalión positivo. Creo que soy quien soy laboralmente porque comencé a formarme bajo las alas de aquella extraordinaria mujer.

Pero, empecé en el camino difícil sin casi darme cuenta. Es el camino de la gran mayoría de los trabajadores. Uno no nace empresario. Me marcaba la procedencia y me faltaba valentía para emprender. Empujar el carro no sale de forma innata, aunque tener mentalidad de empleado no es algo negativo. La sociedad necesita esa fuerza de trabajo. Si todas las empresas fueran conscientes de la importancia de proteger a sus trabajadores, habría mucho menos riesgo laboral para todos.

Proteger los puestos de trabajo no es un pensamiento generalizado en los gestores empresariales. En nuestras economías desarrolladas y especialmente en las grandes corporaciones occidentales, las compañías se mueven por otros parámetros. En general, se rigen por el resultado y no hay nada malo en ello. Conseguir resultados es algo necesario. Hacer beneficios recompensa el riesgo que asumen los inversores. Sin resultados positivos las empresas no funcionarían, ni siquiera una ONG.

En todas las empresas que he trabajado se dice, se repite y se publica que las personas son lo primero. *People first* es el tagline de una empresa de trabajo temporal que suelo ver en mis traslados por la provincia de Girona. Y es verdad, sin personas las empresas no serían nada.

Pero la realidad es otra, especialmente en las empresas cotizadas. Nunca he entendido por qué no se explica. En muchas corporaciones, lo realmente importante no son las personas, sino los resultados. Repito, no hay nada malo en perseguir resultados o únicamente los resultados. Lo malo es disfrazarlo con un discurso humanista. Lo perverso es glorificar a los empleados, cuando en realidad deberían ser los resultados. He aquí una de las claves de la dificultad de este camino laboral. Si los resultados son lo prioritario, no puede haber seguridad laboral.

Siempre he sentido profundo respeto por los directores financieros. La tesorería en una empresa es algo muy importante y saber llevar los números es un aspecto crítico para la supervivencia empresarial. Hablaremos más adelante sobre esta parte del emprendimiento, porque controlar y gestionar la tesorería es de vital importancia. Las personas responsables de finanzas velan por proteger la consecución de resultados y si no se alcanzan, la palanca más eficiente para corregir las desviaciones de rumbo es la reducción de gastos fijos.

Las partidas más abultadas y recortables en una empresa suelen ser los gastos de personal y el presupuesto de marketing. A ojos de la dirección financiera, meter recortes en esas áreas no afecta al crecimiento de la compañía. Al contrario, permiten corregir el rumbo de un plumazo. Nos guste o no, este tipo de recortes no solo corrigen el rumbo financiero de inmediato, sino que aparentemente no afecta ni a la flotabilidad ni a la maniobrabilidad de la nave. Cuando se despide parte de la fuerza laboral y se recortan las campañas de publicidad, las empresas suelen seguir adelante sin mayor problema. Lo he visto repetidamente, tanto en clientes como en mis propios empleadores. No estamos hablando de la moralidad de las decisiones ni estoy defendiendo que esas decisiones sean las más efectivas. Son eficientes y, a veces, hasta efectivas. Ahora bien, también son inhumanas, despiadadas y crueles.

Mantener la plantilla para seguir fuertes el día de mañana no es una prioridad para muchas empresas, en especial si se desvían del rumbo prometido. Es completamente lícito priorizar beneficios y no hay nada negativo en ese proceder. Lo que no es correcto, he aquí mi conflicto moral hasta abandonar las multinacionales, es encandilar a los empleados con un discurso centrado en la importancia de la persona. Sería mucho más honesto decir: primero los resultados, luego las personas. Si priorizas los beneficios y alabas a los trabajadores afirmando que son lo prioritario, estás cometiendo una inmoralidad. Los empleados no son niños; son personas capaces de entender las prioridades de una organización. Engañarles con un falso discurso es una falta de valentía.

Cuando los empleados se confrontan abruptamente con esta realidad, el desencanto es enorme. El mundo, de repente, se derrumba. Todo se viene abajo como un castillo de naipes. Tras tanto repetir que las personas eran lo primero, los empleados se lo acaban creyendo. Una mentira repetida muchas veces se convierte en una verdad; es uno de los principios cognitivos de la propaganda. Aprendemos con la repetición y los políticos lo saben.

Los empleados se sienten una parte imprescindible de la empresa y no entienden por qué de repente se estancan en salario o son despedidos. Cuando ocurre, no suele entenderse nada porque nunca se ha explicado el propósito real de la empresa. Lo peor de todo, una vez apeado, las corporaciones siguen adelante gracias a su inercia. Son como enormes árboles. Pueden perder hojas, incluso ramas, pero el conjunto sobrevive.

3 POR CUENTA AJENA O PROPIA

Emprender es como viajar en tren sin pasar nunca de la plataforma de entrada del vagón. Serás libre, nadie decidirá por ti, pero estarás abandonado a tu suerte. A la que caigan cuatro gotas, te mojarás.

Si eres empleado se considera técnicamente que trabajas por cuenta ajena. Deberías tener un contrato, un salario y unas directrices que no decides tú. En teoría, cumpliendo las pautas del empleador debería ser suficiente para seguir adelante. Ahora bien, ejecutar las directrices no significa en ningún caso una garantía de empleo.

Las directrices que dicta el empresario se basan en sus creencias de cómo debería organizarse el trabajo y de cómo se hará rentable la empresa. No tienes que preocuparte por nada organizativo. Tampoco corres ningún riesgo económico. Si las cosas no funcionan, perderás el empleo, pero no perderás tus ahorros ni tu patrimonio. Por ese motivo, trabajar por cuenta ajena tiene pocos riesgos para tus pertenencias personales, sobre todo si encuentras un nuevo empleo pronto.

En cambio, si decides trabajar por tu cuenta, es decir, creando tu propia empresa, significa que serás tú quien dictarás cómo proceder y desarrollar tu trabajo. No tienes que demostrar a nadie lo bien que lo haces. Serán tus ventas las que juzgarán si lo que has decidido va por buen camino o no. Nadie te dictará lo que debes hacer. Tampoco nadie se preocupará por ti. Al trabajar en tu propio proyecto, dependes de ti mismo.

La dicotomía de ser libre, pero a tu suerte, genera ansiedad. Trabajar por cuenta propia es una sensación bastante inquietante. Desaparece el concepto nómina a final de mes. La generación de ingresos depende directamente de tu trabajo y los ingresos no suelen ser constantes. Si enfermas, nadie hará tu trabajo. Emprender significa tomar el toro por los cuernos. Significa enfrentarte a la realidad de generar ingresos.

Hay pros y contras, pero solo si trabajas por tu cuenta podrás decidir tu futuro. Como autónomo nadie te echará, nadie podrá prescindir de ti por una previsión de resultados menos boyante. No serás carne de cañón de los financieros, no serás un número. Pero tampoco tendrás protección. Si las cosas no salen bien, nadie te indemnizará. No tendrás derecho a ayudas sociales por haber sido un empleado. Piénsalo y ponlo en una balanza.

En cambio, si trabajas como empleado podrás ceñirte a las condiciones de trabajo. Es responsabilidad del empresario calcular las necesidades de personal y estimar correctamente la productividad de una jornada laboral. Puedes limitarte a las condiciones que te impongan. Como empleado no sirve de nada echarle más horas para conseguir mayor protección laboral. Si las haces, hazlas por ti. La meritocracia está reñida con la idiosincrasia de una empresa privada. Quizá te funcione en un puesto público, pero no en el sector privado. Tu permanencia en la organización depende más de tu coste laboral que de tus capacidades. Suele ser un descubrimiento tardío y deprimente porque nadie lo explica.

En mi experiencia laboral, aunque siempre me he involucrado como si fuera mi propia empresa, nunca lo hice pensando en mi seguridad laboral. Al contrario, hice el esfuerzo para poder progresar como profesional, para aprender más deprisa y adquirir más capacidades. Conseguí enriquecer deprisa mi currículum vitae para poder progresar en responsabilidades y salario. Esta actitud y proceder me impulsó rápidamente a puestos directivos y me permitió cerrar condiciones salariales muy ventajosas. Para trabajar siempre fuera de la gran metrópoli, había conseguido salarios muy respetables.

Cuando las condiciones del empleador empezaban a estar en un desequilibrio con mi esfuerzo y contribución laboral, no dudaba en cambiar. Siempre cumplí mis compromisos, pero nunca me creí el discurso de la importancia de las personas. Tenía bien presente que, trabajando por cuenta ajena, mis días estaban contados.

No siento ningún rencor por las empresas que priorizaban resultados o se despistaban en la gestión de las carreras profesionales. Al contrario, les tengo un gran respeto. Sé lo difícil que es hacer dinero. Soy quien soy profesionalmente gracias a la confianza que depositaron en mí. No creo tampoco que ninguno de los empleadores me tenga rencor por haber rescindido mi contrato en determinados momentos. La primera agencia de medios que me empleó, aquella a cuyo frente estaba uno de los empresarios más severos que había conocido, me contrató hasta en tres ocasiones. No había rencor, sino acuerdo. Yo les solucionaba un problema laboral y ellos, a cambio, me permitieron progresar.

Si una cosa pudiera cambiar del pasado sería únicamente el discurso. No hace falta contarles historias a los empleados. Sería mucho mejor explicar la verdad. La mayoría de las grandes empresas, multinacionales y especialmente las cotizadas en bolsa, tienen un cometido muy claro: generar valor para sus accionistas. Punto, no hay más. Luego, en esa ecuación, los empleados son principalmente un coste. Y si existe un gasto grande en las empresas es precisamente el coste de personal. No es de extrañar que la partida de salarios esté en constante revisión y, a ser posible, a la baja.

Si eres un empleado no olvides nunca esta realidad. Conforme creces en salario te conviertes en una losa financiera. Solo perdurarás si eres capaz de generar ingresos muy superiores a tu coste y a veces ni así. Si se explicara de esta forma, no habría desencanto. No se provocaría ninguna frustración, o incluso depresión, cuando se decide recortar gastos de personal. No es ilícito crear valor para los accionistas. No hay nada malo en hacer crecer el volumen y la rentabilidad de las corporaciones. Al contrario, es su obligación. Simplemente, no debería faltarse a la verdad. Si alguien preguntara sobre su futuro profesional, debería aclarársele que, si en un tiempo más o menos cercano se pudiese prescindir de él o ella, no les temblará la mano. No tiene nada que ver con la validez y eficiencia del trabajador. Es una pura cuestión de números.

Ahora ya lo sabes. Si decides trabajar para una gran empresa, todo lo expuesto es muy probable que ocurra. Serás apeado del tren cuando menos te lo esperes y menos conveniente sea para ti. Como empleado eres un número. Y si trabajas en tu propia empresa, esa realidad numérica la sufrirás todos los días. Si no te esfuerzas comercialmente y si la buena suerte no te acompaña, tú mismo comprobarás que las cuentas no salen.

4 CUÁNDO DAR EL PASO

La señal de salida aparece a mitad del precipicio, cuando estás en caída libre y sabes que, si no corriges rumbo, te estrellarás sin salvación.

Si decides emprender no basta con querer hacerlo. Emprender de verdad significa entregar tu baja voluntaria. Significa decir no a un nuevo puesto que te acaban de proponer. Emprender significa renunciar a un salario, significa estar dispuesto a fracasar.

Dar el paso no es fácil y se te ocurrirán mil excusas para posponerlo. Y cuando por fin te decides, te invadirá una desagradable sensación de vértigo. Sentirás náuseas, incluso enfado hacia ti y tus alocados actos. Dirás, no había para tanto, no estaba tan mal. Te cuestionarás por qué tenías que complicarte la vida; te lo preguntarás una y otra vez. Al despertarte te darás cuenta de que no era un mal sueño, sino la cruda realidad. Qué será de mí y de los míos, no te dejará dormir.

Si alguna vez has navegado sin ver la costa, la sensación es similar. Cuando se pierde de vista tierra firme y se toma consciencia del riesgo, te invade una inquietante sensación de vulnerabilidad. ¿Qué hago en un bote tan endeble en medio de esta inmensidad? ¿Quién me mandaba enrolar en esta aventura? ¿Quién me salvará si el barco se hunde?

Es verdad, podrías haber seguido en ese puesto de trabajo o buscarte otro mejor, haber enviado tu currículo a más empresas, mejorar tu perfil en LinkedIn, pedir favores en tu entorno de conocidos, incluso buscar un trabajo por cuenta ajena en algo completamente diferente. Incluso podrías haber esperado un tiempo más para ver si te tocaba por fin la lotería.

Nadie te obliga a emprender. Y si lo has hecho ha sido por voluntad propia, porque te has dejado llevar por tus ilusiones, porque llevas insuflándote teorías de viabilidad económica que no dejan de ser castillos en el aire. Te habías leído libros sobre emprendimiento para buscar claves, para tener más seguridad. Sabías de historias de éxito y te habían repetido tantas veces lo capaz que eras. Te lo creíste y ahora estás completamente solo. Los que te habían apoyado te miran ahora esperanzados de un milagro.

Cuando das el paso es como tirarte a una piscina sin saber si hay agua dentro. Y lo peor de todo, cuando has dado el paso ya no hay vuelta atrás. Si has entregado la baja voluntaria ya no te querrán. La dirección financiera estará muy contenta con los ahorros que ha supuesto tu salida voluntaria, especialmente en países donde rige una fuerte protección laboral.

Reengancharte al viejo empleador será muy difícil y, si fuese posible, sería en peores condiciones. Los salarios suelen ir mejorando hasta los treinta y cinco años. Luego, por lo general, van a la baja. Los salarios durante una vida laboral describen una campana de Gauss, con su punto álgido en la mitad de tu vida laboral y dos extremos, con una acentuada curva descendente, vistos desde el centro de la gráfica.

Entonces, ¿cuándo es el momento? Los cambios en la vida solo se producen en momentos de crisis. Son los momentos realmente críticos los que te empujan a una decisión irracional como la de renunciar a lo conocido. Nadie en su sano juicio deja un empleo si no te hacen la vida imposible. Son las crisis las que explican los cambios. Sin esos momentos de estrés extremo en la vida, siempre ganará el estatus quo.

Estate atento a las crisis. La señal de salida solo aparece cuando te estás hundiendo. Ese es el momento. Esa es la señal. Toma conciencia de tu valor, de tu capacidad de construir con tus propias manos. En realidad, siempre lo has hecho. Estas en tus plenas facultades, nada impide que puedas seguir produciendo. Es lo que te insuflaban tus allegados, aunque luego se olvidan de ti. Es cierto, no es su responsabilidad. La decisión era tuya. Asume las consecuencias.

No hay ninguna edad ideal para emprender. Muchos son jóvenes, por falta de oportunidades, por ilusión o porque creen o tienen las espaldas cubiertas. No te dejes impresionar. Emprender no es una cuestión de edad, sino de voluntad de hacerlo. Cuando notas que seguir en lo mismo te desgasta, que te podría enfermar, estás cerca de dar el paso. Cuando notas que te consumes, entonces das el paso. Emprender es una actitud y una determinación. Emprender es algo muy serio y loable. Y cuando lo hagas, sé consciente de tu valentía. No te maldigas.

Lucha contra tus miedos, toma control de la situación, controla tus emociones, tus temores. Estás navegando, ya no hay tierra a la vista, pero sigues a flote. Toma consciencia de tus fortalezas y dosifícalas porque serán las únicas que te llevarán a puerto. No te apalanques ni un segundo. El tiempo es oro. Aprovecha cualquier brisilla. Al inicio, solo tendrás desgaste, así que calcula bien tus recursos. No tienes margen, cada paso, cada metro, cada milla cuentan.

Si te sientes así, desesperado, a mitad del precipicio, esa es la señal. Sin esa tensión no superarás tus miedos. Para emprender se necesita un punto de locura porque, sin lugar a duda, emprender implica riesgos.

En ningún caso estoy animándote a dar ese paso. Si decides emprender es tu decisión y tu asunto. A lo largo de estas páginas solo encontrarás algunas experiencias y orientaciones a modo de sugerencias. Este libro es una orientación, no un manual de operaciones. Si decides saltar, recuerda que las estadísticas demuestran que tendrás más probabilidades de fracasar que de tener éxito.

Como decía el emprendedor Pablo Fernández, fundador de Clicars y Clikalia, y que tuvo un éxito enorme: "Emprender es como lanzarte por un precipicio y aprender a volar mientras caes. No hay vuelta atrás. Y ahí es cuando funciona, cuando te las estás jugando".

Buena suerte.

5 DOMINA TUS MIEDOS

"The mind is everything. What you think you become." Desconfía del ilusionismo. Crear una empresa próspera es algo mucho más complicado. No basta con solo pensarlo.

Emprender es convertir en realidad aquello que habías soñado, arrancar ese negocio que crees que otros van a necesitar. Es el momento de la verdad. Ya no se valen hojas de cálculo, planes de negocio, teorías. En el momento que empiezas, todo se vuelve una cruda realidad.

Es importante tener ilusión. Es como en un nuevo trabajo. Cuando se contrata un nuevo empleado nunca falta motivación. Estar en algo nuevo es fascinante solo por el hecho de ser nuevo. La motivación es intrínseca a esos momentos. Y es importante que sea así, porque la ilusión se transmite. Y las cosas que se hacen con pasión son más fáciles de vender. Ahora bien, con solo la ilusión, con solo la pasión, no es suficiente para vender.

Recuerdo un día en los arrozales de Ubud, que topé con una mujer que se dedicaba a la escultura y pintura. Me abordó con las tres preguntas de los balineses. De dónde eres, adónde vas, cuándo volverás. Luego se dirigió hacia su estudio y me invitó a entrar. Empezó a mostrarme sus esculturas y pinturas, prometiendo un precio muy bueno. Pero, como no estaba en actitud de comprar, decliné la oferta e hice el intento de despedirme. Me dijo que cuándo volvería y me miró con cara de pena. Casi estaba suplicándome que comprara. Había pasado de la pasión a la compasión. Está muy bien lo que uno haga, está muy bien sentirse motivado, pero la parte compradora también debe estarlo. Si el aparente cliente no está en actitud de compra, no venderás. Sin ese encuentro anímico, la transacción no ocurre. Efectivamente, salí de ahí sin comprar.

Las cosas pueden ir mal. Puede ser que lo que hagas no interese, que estés en el lugar equivocado, que tu precio no sea correcto. Incluso, quizá no seas tan bueno como te creías. O, quizá, simplemente era un mal día. Muchos manuales de desarrollo personal hacen hincapié en la importancia de tener un objetivo y de perseguirlo ciegamente. Hay quien dice que, si algo lo persigues sin descanso, al final se consigue. A mí también me gustan los cuentos, son relajantes y mágicos, pero, a la hora de crear una empresa, más vale poner los pies en el suelo. La ilusión y un objetivo son componentes importantes del emprendimiento, pero la obstinación y falta de observación puede terminar en un sonado fracaso.

La única perseverancia que creo debe aplicarse en el emprendimiento y en la vida en general, es estar siempre atento, modificar el camino según observes y probar de nuevos si ves que no funcionan. Insistiendo una y otra vez en lo mismo no es un camino muy eficiente. No malgastes tu tiempo y no te obsesiones con frases mágicas.

Quizá lo consigas, quizá no. Decir que la mente lo es todo es una frase inspiradora. Tener perseverancia es una buena cualidad del emprendedor, pero no una garantía para lograr aquello que uno se proponga. Vender no va de imposición. Mi pragmatismo y agnosticismo no me deja margen para afirmaciones metafísicas. No creo en la magia, aunque Antonio Díaz, más conocido como El Mago Pop, sea capaz de confundirme. Convertirse en lo que uno desea es algo mucho más difícil. Antonio Díaz lo ha logrado, pero a base de mucha práctica y sofisticados mecanismos del ilusionismo. Su espectáculo *Nada es imposible* es de los más maravillosos jamás vistos; más de dos millones de espectadores es una buena prueba de ello.

Si emprendes debes tener la humildad de aceptar que quizá aquello que te imaginabas realmente no funciona. El hecho de haber entrado en caída libre, de haber notado la señal de emprender y de haber dado el salto, no significa que vayas a tener éxito. Significa únicamente que eres una persona extremadamente valiente y que necesitabas un cambio radical.

Entonces, ¿no hay ninguna seguridad? ¿No hay ningún método más seguro? ¿No hay fórmulas mágicas?" Mi respuesta es: ¡no! Por eso cuando uno decide emprender siente escalofríos, náuseas y enfado hacia sí mismo por haber dado el paso. Emprender es un camino apasionante, pero muy arriesgado. Conviene estar atento y no confiar en el voluntarismo.

Este libro no pretende animarte a emprender, todo lo contrario. Es responsabilidad del lector si se decide hacerlo. Haber adquirido este libro no supone un contrato entre autor y lector más allá de los capítulos. Mi responsabilidad se limita a proporcionar un texto original y útil que responda a las expectativas del comprador. Emprender, dejémoslo claro, es cosa de cada uno.

En nuestro caso, afortunadamente, ha salido bien hasta el día de hoy, pero en cualquier momento podría torcerse. La obligación de los socios es que esto no ocurra. No bajamos la guardia en ningún momento. Navegamos vigilantes como si estuviésemos perdidos en un mar inmenso. Dosificamos nuestros recursos. Nos levantamos temprano, no nos apalancamos, no damos nada por hecho nunca, intentamos ahorrar y observamos constantemente.

Si aún confías ciegamente en tu éxito, te recomiendo leer el libro *Diario de una quiebra* de Riccardo Braccaioli. Lo puedes encontrar en Amazon. Inviértelo, porque aprenderás sobre qué no se debe hacer. Braccaioli es una persona muy valiente, no solo por haber empujado su empresa familiar, sino por haber escrito un libro que pocos se atreven a escribir. No suele gustar hablar de fracasos y por eso es tan importante leer su libro. Expone la aventura empresarial sin remordimientos, sin acritud, sino constructivamente, terapéuticamente. Estoy seguro de que escribir ese libro le ha ayudado a superar el sentimiento de frustración, porque el producto que hacían era excelente. La fallida era multifactorial. Había errores de gestión que explicaron el declive y endeudamiento irrecuperable. Emprender es un riesgo, no lo olvides.

Si sigues decidido a dar el paso y asumes tu responsabilidad, continúa leyendo.

6 QUÉ SIGNIFICA SER EMPRESARIO

La desaparición de forma irreversible del Homo sapiens, vendrá provocada por el cambio climático, la contaminación y por una mala gestión de las energías que hacen posible la vida.
Eudald Carbonell, Catedrático de prehistoria URV.

A la hora de emprender te conviertes en empresario. Como dice su definición, es una persona que dirige la toma de decisiones del negocio. No hace falta tener empleados para ser empresario. Basta que estés solo para sacar adelante la actividad económica que hayas decidido arrancar.

Ser empresario implica ser una persona responsable y comprometida. Tus decisiones tienen un efecto en tu entorno, ya sea porque tengas empleados o porque tu actividad influye en los demás. Hablar del impacto medioambiental en una actividad económica es una necesidad y una obligación del empresario responsable. Poco a poco, la sociedad está tomando conciencia de la importancia de cuidar nuestro entorno, ya sean las personas o la natura. Aunque el prestigioso catedrático de prehistoria de la Universidad URV planteaba recientemente el colapso y extinción de nuestra especie por nuestra insensatez en la gestión de los recursos naturales[4], quiero creer que hay emprendedores dispuestos a demostrar que aún estamos a tiempo.

En nuestro viaje a Asia, trabajando varias semanas desde Indonesia, Tailandia y durante un corto periodo desde Corea del Sur, vimos lo

---

[4] https://www.ara.cat/societat/recepta-evitar-l-extincio-llico-d-eudald-carbonell_1_4511206.html

avanzados que estamos en Europa a nivel de conciencia medioambiental. En Denpasar, por ejemplo, el tráfico es una locura y nadie se preocupa de fenómenos atmosféricos adversos por contaminación. No sé si los conductores llevaban la mascarilla por la pandemia o por la contaminación, pero, en todo caso, valía la pena llevarla por ambos motivos.

Cuando me refiero a ser responsable como empresario, me refiero a que no todo vale. Lo podrías hacer, sobrevivirías porque el mundo es muy grande, pero no tiene sentido y es profundamente irresponsable. No se trata de solucionar tu problema a costa de perjudicar a otros.

Rick Pursell del *Heaven in Bali* convirtió su empresa en una lucha por el cambio. Era ex combatiente de la guerra del Vietnam y una persona traumatizada por sus vivencias. Uno de sus primeros libros se titula *Cause no harm: Creating a future without causing harm*[5]. Es un alegato a la toma de conciencia aplicable tanto en nuestra vida privada como empresarial. Ofrece una plataforma de pensamiento para ser más responsables, más conscientes del efecto de nuestra actividad en lo que nos rodea, ya sea cerca o lejos.

No todo vale. Tener éxito empresarial debe respetar el entorno, ya sean los empleados, la comunidad o los consumidores. Hay que tener en cuenta cómo afecta la actividad a lugares que quizá nunca visites. La acumulación de plásticos en Indonesia por nuestra actividad industrial europea y americana no es solo responsabilidad de los indonesios porque venden los productos. Ser empresario en nuestros tiempos significa ser una persona íntegra, honesta, comprometida con el bien, tanto aquí como ahí. La empresa Frit Ravich de Girona, especializada en la producción de patatas fritas, snacks y frutos secos y que exporta a varios continentes, lleva años trabajando en minimizar su impacto en el medio ambiente. Investigan el empleo de envases reciclables y asumen los hándicaps en el proceso de fabricación[6].

Cuando trabajamos para otros y observamos que la actividad de nuestro cliente causa un daño al entorno, deberíamos renunciar. Nuestra empresa, por ejemplo, vive de activar campañas publicitarias en medios de comunicación. La publicidad tiene capacidad de influir en el

---

[5] Pursell, Rick (2010). Cause no harm. A handbook for humanity. Amazon
[6] https://www.interempresas.net/Alimentaria/Articulos/405178-Frit-Ravich-apuesta-por-sostenibilidad-con-en-envases-100-por-ciento-preparados-para-ser.html

comportamiento de las personas y sabemos cómo hacerlo. Por lo tanto, somos corresponsables de la promoción de los productos y servicios de nuestros clientes. No resulta fácil renunciar a encargos cuando no nos convence la actividad del cliente. Como toda empresa, nuestra agencia necesita constantes ingresos para cubrir los gastos operativos. Pero, debemos tomar conciencia y evitar que nuestros conocimientos ayuden a incrementar los potenciales daños de empresarios menos escrupulosos.

Ser empresario responsable significa vigilar a quién sirves y cómo su actividad o comportamiento influye en los demás. La actividad de una empresa no debe causar ningún daño, sea directo o indirecto, cercano o lejano. Exige la misma responsabilidad a tus clientes y proveedores. Hay fórmulas sencillas de obligar a los clientes a comportarse de una forma más responsable. El restaurante Mother de Nyuh Kuning en Ubud, empaqueta los encargos para llevar en envases retornables y cobran por ello. Si lo devuelves, retornan el depósito.

Fíjate sino en los parkings de Walmart en Estados Unidos. Como no obligan a utilizar una moneda para mover los carritos de compra, que quedan esparcidos de cualquier manera a lo largo y ancho de los parkings. Los carritos no generan en este caso ninguna contaminación, aparte de la visual y las molestias cuando quedan pocos aparcamientos. Pero muestra la dejadez de los humanos: mientras Mother consigue un comportamiento favorable aprovechándose de nuestra innata avaricia, Walmart se gasta un salario para un empleado encargado de ordenar los carritos.

El efecto de nuestra actividad no solo influye en nuestro entorno externo, sino también en el interno. Como empresarios asumimos riesgos económicos y anímicos. Por ejemplo, tomamos la decisión sobre cómo debe desarrollarse una actividad. Como nuestra obligación es hacerla eficiente y rentable, a veces no observamos suficientemente cómo los procesos afectan a nuestro equipo. Hay muchas tareas en una empresa que se deciden un día y nunca más se revisan. Nuestra obligación es estar atentos y revisarlas constantemente.

Si cultivas una relación de confianza, el equipo expresará con sinceridad cómo les afecta la actividad y cómo se podría mejorar. Escúchalos, observa y modifica aquello que no acaba de funcionar bien. Ser empresario no significa contar únicamente el dinero acumulado en caja. Ser empresario no es simplemente llevarte los excedentes de la actividad y hacerte una vida más placentera. Es una actitud, un comportamiento, y un compromiso con los demás. Pensabas que sería fácil, pues no lo es.

7 NO INVIERTAS

Me apasionan los recintos portuarios con pequeñas oficinas ubicadas en anodinas construcciones metálicas, como si fueran contenedores. Son el arquetipo de la puesta en escena de un negocio. Para hacer dinero no hace falta invertir en arquitectura decorativa.

Nunca he entendido por qué en un traspaso de local, lo primero que se suele hacer son obras. Muchas veces ves que vacían completamente el local. No suele quedar ni el suelo, solo las paredes de carga y el techo con los cables colgando. Acto seguido, empiezan costosas obras.

Vamos a ver, si me encontrara en un velero en medio del mar, sin ver la costa, con una vía de agua y sin saber si me salvaré, no me pondría a pintar la cubierta. No sería el momento de empezar obras decorativas. No sería ni relevante ni vital. No sería prioritario para llegar a puerto. Cuando se arranca un negocio hay siempre una vía de agua y se llama gastos. No agrandes el agujero. Al revés, tapónalo y mira de generar ingresos.

Tanto si el negocio anterior en ese local funcionaba como no, hacer obras no mejora el negocio. Al contrario, las obras añaden hándicaps, especialmente financieros. Hay una creencia generalizada que lo que hace vender es el envoltorio. Pero, no es así. El envoltorio es un accesorio. Preocúpate más adelante por ese detalle decorativo. Si puedes, incluso olvídalo para siempre. Los compradores se interesan por tu producto o servicio, no tu decoración.

Dirás, qué sería de un iPhone sin el *unboxing* experiencial que muchos conocemos. La marca de la manzana debe invertir una considerable suma de dinero en las cajas y el empaquetado. Es casi tan bonita la caja como el dispositivo. Transmite los valores de la marca: minimalismo, exclusividad, perfección, calidad. El envoltorio es tan sofisticado que se venden vacíos por diez euros y de segunda mano[7]. ¡Hasta las cajas son aspiracionales! Ahora bien, en serio, ¿cuánto tiempo lleva Apple en el mercado? ¿Realmente crees que Apple empezó enviando sus dispositivos empaquetados como si fueran joyas de Elsa Peretti de Tiffany? ¿Acaso no has visto la película de Steve Jobs?

El problema es que nos fijamos en negocios que han tenido aparente suerte e intentamos copiarlos. Pensamos que la puesta en escena es fundamental. Pero, créeme, eso no es así. Quizá cuentas con un apoyo inversor incondicional; quizá te sobre el dinero. Haz lo que quieras, aunque te recomiendo ahorrarlo. Guárdalo para más adelante, te hará falta.

Las agencias de publicidad siempre han invertido enormes sumas de dinero en decorar sus espacios. Entrar en una agencia es algo experiencial, como desempaquetar un producto nuevo de Apple. Se intenta transmitir los valores de la agencia y convertir el espacio en un anuncio: sorpresa, atracción, bienestar, éxito, grandeza. No estoy diciendo que decorar espectacularmente un local o negocio no aporte valor. Pero no es lo decisivo para sobrevivir al principio.

Cuando montamos nuestra agencia estuvimos reflexionando sobre cómo empezar. Durante toda nuestra carrera profesional habíamos visto cómo se invertían decenas de miles de euros en ofrecer unas oficinas magníficas, bien ubicadas y representativas. Muchas agencias incluso muestran sus espacios en sus webs. A veces no se sabe si se trata de una agencia o de un estudio de decoración. No es de extrañar que muestren con orgullo sus instalaciones. Han costado un dineral y el resultado visual suele ser espectacular.

Nosotros, en cambio, arrancamos con un único cliente y sin oficinas. No veíamos viable acometer un esfuerzo económico teniendo una tesorería paupérrima. Además, habíamos aprendido que los clientes pocas veces nos visitaban. Solía ser al contrario. Los anunciantes buscan soluciones efectivas y baratas. No tienen ningún interés en nuestros elementos decorativos. Quieren personas de confianza, valoran el know-

---

[7] https://es.wallapop.com/item/caja-vacia-iphone-xr-602924260

how acumulado en nuestro equipo y esperan vender más ahorrando dinero en comunicación.

Cuando buscas un restaurante, lo que en realidad te interesa es saciar el hambre y si puede ser de forma sabrosa. Si además es visualmente agradable es un plus, pero no es el motivo principal de elección. Hay restaurantes magníficamente decorados que están vacíos. Muchos negocios perfectamente ubicados y con una cuidada puesta en escena de repente cierran. Hay agencias de publicidad con un interiorismo espectacular y pierden los clientes. El envoltorio no es la clave del éxito.

Cuando desempaqueto un nuevo iPhone estoy absolutamente convencido que arrancará y proporcionará los beneficios funcionales que me habían prometido. Sé que será aún más veloz y las fotos serán como hechas por un profesional. Apple es un negocio consolidado. No te compares. Puede que seas un Apple el día de mañana, ojalá así sea, pero ahora mismo eres como Steve Jobs con sus pantalones estampados, chancletas y trabajando desde un garaje convertido en improvisada oficina.

En nuestro caso buscamos un sitio que nos ofreciera lo imprescindible para arrancar: un techo, menos frío en invierno, acceso a lavabos, una mesa, una silla, electricidad y, sobre todo, una buena conexión a Internet. Si hubiésemos montado un restaurante sería casi lo mismo. Habríamos priorizado los fogones a la conexión a Internet; todo lo demás sería similar.

Medialog aterrizó en una comunidad de nómadas digitales. Habíamos oído hablar de ello, pero no estábamos familiarizados. Empezamos en Betahaus, probablemente uno de los coworkings más auténticos de Barcelona. Si no había ciento cincuenta nacionalidades en aquella vieja fábrica textil, no había nadie.

Firmamos el contrato para tener dos mesas de tipo *fix*. Así se podía dejar alguna pantalla y el teléfono de sobremesa. Era un esfuerzo económico casi inasumible. Renunciamos al alquiler de taquillas porque solo suponía más gastos. Era preferible traerse una mochila y llevar las cosas de valor encima.

De hecho, el único cliente que teníamos no cubría los costes. Ya veíamos que, de no mejorar el negocio, perderíamos dinero. En ese momento, nuestra cuenta de resultados era negativa y todavía no habíamos asignado los salarios. Los sueldos de los socios llegaron a los dos años.

Pero, teníamos lo imprescindible para empezar a buscar clientes. Si llovía teníamos cobijo. Aprendimos a vivir con lo mínimo y, lo más importante, aprendimos a creernos que lo realmente importante era buscar clientes. A nuestro alrededor había emprendedores, freelance, autónomos, empresas pequeñas y grandes.

La segunda planta estaba ocupada por una empresa de tecnología, especializada en servicios bancarios. Su know-how se centraba en asesorar y acompañar instituciones financieras mundiales en procesos de fusión de bancos. Estaban ubicados en las mismas paredes, sus empleados trabajaban en las mismas mesas y descansaban en los mismos somieres convertidos en improvisados sofás. Todos comíamos en la última planta, sentados en largas mesas compartidas, mientras algún recién llegado explicaba a qué se dedicaba. Si en aquel momento hubiera sido suficientemente observador, ahora estaría jubilado. Fue en Betahaus dónde un programador nos explicó a todos los *coworkers* la revolución del *blockchain*. Bitcoin se cambiaba a 600 euros.

Aprendimos de la importancia de relacionarnos, de observar otros negocios, de ver que el desarrollo de nuestra empresa no dependía del entorno decorativo, sino de la habilidad y astucia de conseguir clientes. Fue una experiencia reveladora y ahora, tras varios años, el hecho de haber arrancado con los mínimos nos ha salvado de muchos dolores de cabeza. Cuando estalló la pandemia del Covid19, simplemente sustituimos las mesas *fix* del coworking por nuestra mesa en casa. Todo lo demás seguía funcionando igual.

En los inicios de una empresa, los costes de operación son absolutamente críticos. Hacer obras, gastar dinero en decoración o empaquetar tu producto como si fuera un nuevo iPhone es una insensatez; no lo hagas. Hay demasiados imprevistos e incógnitas para meterte en inversiones a tan largo plazo.

Practicar una férrea disciplina de ahorro es siempre un buen consejo. Tu empresa no es tu hogar. Tu empresa es tu sustento económico; debes crear un flujo de ingresos y no un flujo de gastos.

8 CUÁNTO PESA LO DECORATIVO

Si tuviera que estimarlo numéricamente y sin evidencia científica alguna, diría que el contenido es el noventa por ciento de la base del éxito. Lo ornamental apenas importa.

Mientras escribía estas líneas, estaba sentado en el Bohemia junto al Monkey Forest de Ubud en Bali. El local estaba cálidamente decorado. Mi portátil se apoyaba en una mesa que hacía juego con la decoración. Mi silla tenía cómodos cojines, estampados con dibujos geométricos y flores, en variadas tonalidades cálidas. Las paredes eran de madera tropical y el tejado de caña y paja como en tantos sitios en Indonesia. Los macacos invadían la estructura del techo balanceándose con habilidad de una viga a otra, observando si podían robar a algún comensal despistado.

Había pedido un bol de fruta tropical mezclado con yogur casero. El cappuccino de leche de almendra ya se había enfriado y tomaba el último sorbo. Estaba lloviendo, pero me encontraba a cubierto.

El Bohemia me recuerda al envoltorio de un nuevo iPhone, perfectamente empaquetado, agradable, harmónico. Pero, lo realmente bueno era el bol de frutas que me estaba comiendo. Había una selección de frutas tropicales, sabrosas, hábilmente combinadas y refrescantes. De vez en cuando mordía una hoja de menta, que invadía mis glándulas gustativas y me daba una sensación de frescor. El Bohemia, como tantos otros restaurantes, vende una experiencia culinaria. Si el bol no valiese nada, no habría vuelto. En tu negocio, sea el que sea, céntrate en el bol de frutas, en el producto, en el servicio.

El contenido es lo que encuentras en un bol de desayuno: la combinación de frutas, el yogur casero, la hoja de menta cuyo delicado sabor estructuraba la experiencia. El continente, en cambio, es todo lo demás. Es todo aquello que como cliente no te llevarás del lugar: el propio bol, la silla, los cojines, la decoración, las cañas del techo, en definitiva, el envoltorio. Sin lugar a duda, el continente es importante, pero no decisivo. El envoltorio nunca sustituye al producto, ni siquiera en un iPhone.

Pongámoslo al revés: ¿qué pasaría si la fruta fuera insípida, la combinatoria sin gracia o no hubiese la magia de la hoja de menta? Probablemente no volvería. El Bohemia, donde seguía sentado degustando el *Berries Super Bowl*, iría perdiendo clientes y acabaría cerrando.

Los clientes valoran lo que se llevan en el estómago si se trata de un restaurante. Valoran tu resolutiva respuesta ante una contingencia de billetes de avión si se trata de una agencia de viajes. Vuelven porque el sabor de la fruta y verdura responde al precio pagado si emprendes en el sector de los productos frescos. La parte crítica de un negocio es el contenido y no el aspecto del restaurante, la decoración de la agencia de viajes o las estanterías de la frutería. Ya vendrá el momento que puedas mejorar el continente si tanto te preocupa.

Casa Tua, un restaurante indonesio mágico en el turístico Canggu de Bali, te atrapa cuando entras. Con un poco de suerte, te recibirá su emprendedor, un balinés de unos cincuenta años mostrando una sonrisa de oreja a oreja. Da igual la mesa, te ubiquen donde te ubiquen, estarás a gusto. Se acercará una chica joven con una aparente disfunción cognitiva dándote la bienvenida, preguntándote tu nombre e informándote del suyo propio. Hechas las presentaciones, te preguntará cómo sería su nombre en tu idioma y espera impertérrita tu respuesta mostrando una sonrisa.

Su destreza intelectual te deja fuera de juego. Intentas descifrar su nombre y recurres al móvil esperando que Google te salve de la embarazosa situación. Antes de encontrar la respuesta, dejará las cartas sobre la mesa y se despedirá. Sentí admiración por ella. Construía la efímera relación sobre sus fortalezas y su abrumadora simpatía. Por un momento, había olvidado por completo el entorno.

Cuando ya sabía qué pedir, se acercaba el propietario. Le felicité por el restaurante y, sobre todo, por el personal. Me miraba fijamente a los ojos y me confesó que lo había construido poco a poco.

—*I built it from scratch* —dijo orgulloso en un inglés perfecto—. Reinvertimos poco a poco —continuó diciendo— hasta convertirlo en lo que es hoy.

Le escuchaba con atención y me daba cuenta, una vez más, que los negocios no son lo que parecen. Los negocios exitosos lo son gracias a una evolución lenta, esforzada, probablemente superando múltiples dificultades. En estos momentos, Casa Tua es como un dispositivo Apple, de esquinas redondeadas, brillante, de tacto suave, funcionando bien.

Como cliente crees que el envoltorio siempre ha estado ahí, pero no es así. Todo empezó con un Warung, un pequeño negocio familiar como tantos miles en Indonesia. De hecho, Casa Tua no se diferencia mucho de la evolución de Google y tantas otras grandes empresas.

Larry Page y Sergey Brin empezaron a programar su buscador llamado Backrub en sus dormitorios. Solo fue gracias a la confianza de un mecenas que pudieron mudarse a un garaje de Menlo Park en California. Fíjate bien: ¡un garaje! Es importante recordarlo. Lo relevante era el buscador, el contenido y no el continente del lugar de trabajo.

La historia de Google empezó en un garaje. En la foto Larry Page y Sergey Brin en el primer local propiedad de Susan Wojcicki (actual CEO de YouTube) a las afueras de Menlo Park (California). Fuente: https://about.google/our-story, Google.

El contenido de tu negocio es lo más importante y al principio lo puedes ofrecer casi sin continente, sin elementos decorativos. Reduce la inversión a lo imprescindible y céntrate en el producto.

En nuestra agencia, todavía hoy y tras seis años de existencia, nos centramos sobre todo en mejorar el contenido: procesos más simples, mejoras en recursos humanos, coaching para elaborar planes de medios más efectivos, todo pensado para una mejor experiencia de empleados, clientes, proveedores, socios y partners, de hecho, todos los *stakeholders*. Nuestros clientes compran contenido, no continente. No tenemos oficinas, no tenemos mesas ni sillas, ni cuadros decorativos ni una moderna iluminación de los espacios. Tampoco tenemos los gastos asociados a estas distracciones.

Nuestros clientes compran soluciones publicitarias efectivas y baratas. El continente se ciñe al diseño del PowerPoint, a nuestra imagen personal en reuniones virtuales y físicas, al diseño de nuestras facturas y, que lo tenemos pendiente, a nuestro site. Somos conscientes que nuestra web está desactualizada. Estamos en fase de reformas. Pero, no hay que hacer la web perfecta, sobre todo al inicio, porque una empresa evoluciona y así también el discurso.

La recomendación sobre la web sería válida para empresas como la nuestra, donde el producto no depende directamente de la usabilidad del site. Obviamente, si el producto implica una experiencia digital, entonces habría que prestar más atención al desarrollo web. Si la presencia digital representa una parte importante de la experiencia de compra, entonces haría un desarrollo acorde a lo que se pretende vender. Aunque, incluso en este caso, desarrollaría únicamente la parte más imprescindible; una única página si fuese posible. Fíjate en la web de Google. Su evolución histórica es probablemente una de las más simples y coherentes que se pueda encontrar[8]. Su éxito sigue centrado en proporcionar resultados de búsqueda satisfactorios, punto.

Hace tiempo que sabemos que nuestro site no transmite todas las ventajas de nuestro enfoque actual, aunque no hemos parado de crecer. Tener la web un poco desactualizada no nos ha impedido ganar más clientes. Igual mejorándola hubiéramos crecido más deprisa, quién sabe,

---

[8] Consulta aquí https://www.mlgdiseno.es/evolucion-de-google-pagina-inicial/ la evolución de la página de inicio de Google en 17 años.

aunque cuesta imaginarse una mejora sustancial solo mejorando la web. Crecer rápidamente, además, comporta otras consecuencias no siempre positivas y que comentaremos más adelante.

Si el sistema de iOS empezara a fallar, el envoltorio tan magnífico de los iPhone, desde la tienda hasta el diseño del dispositivo, no les salvaría del fracaso. Los clientes compramos contenido: usabilidad, funciones, rapidez. Si no te lo crees, visita a una bodega de vinos y escoge la botella que tenga la etiqueta y forma de botella más atrayente. Ábrela y valora la experiencia. ¡Verás qué decepción! Ni el diseño ni el precio tienen una correlación con la experiencia organoléptica de un buen vino.

A la hora de publicar este libro, me informaron de la importancia de la portada. Su diseño forma parte del continente de una obra. La portada de un libro es como la etiqueta de una botella de vino. Sin un buen diseño, me decían, las ventas se verán muy afectadas. No dudo del consejo. Pero, si pretendo vender una edición mejorada y el contenido de la primera no haya sido satisfactorio, ya me puedo gastar fortunas en diseñadores que pocos la adquirirán.

9 NO INVENTES LA RUEDA

Splid, una sencilla aplicación de móvil para compartir gastos, no tiene todavía una buena manera de registrar una devolución. En lugar de modificar el pago inicial, también se podría apuntar un gasto ficticio hecho por los demás, compensando así el apunte inicial. Pensamiento lateral de Niklas Röttger (Splid)

Estamos en el año dos mil veintidós. No inventes la rueda. El tren de las aplicaciones corporativas propias ha salido hace tiempo. Indudablemente, si te encargaras del desarrollo tecnológico sabrías definir mejor las necesidades y la aplicación respondería con más acierto a tus necesidades. Estaría hecha a tu medida. Pero no desarrolles nada, porque a nivel empresarial existe de todo. No pierdas ni un minuto en automatizar tú mismo el negocio. No lo hagas. Otros ya lo han sufrido por ti.

Cuando arrancamos nuestra agencia, el talón de Aquiles era el proceso de compra y facturación. Durante mi carrera profesional había padecido innumerables intentos de desarrollos propios en varias agencias. Hay una tendencia a pensar que nuestro negocio es distinto a todos los demás, que no tiene comparación y que un desarrollo propio es imprescindible. Así lo pensábamos también para nuestra empresa, parecía excesivamente complejo para adaptarlo a un desarrollo estándar.

Necesitábamos imperiosamente un sistema que nos permitiera tener trazabilidad entre lo que comprábamos y vendíamos. Sabíamos que un pedido se podía traducir en múltiples facturas. Sabíamos también que un encargo se podía traducir en distintas facturas al cliente. Había mucha disparidad de documentos entre compra y venta. No controlarlo hubiera sido nuestro hundimiento.

Somos todavía una agencia pequeña, aunque fiscalmente nos consideran una compañía ya grande. Nuestro volumen de operaciones excede el límite para acogernos al pago trimestral del IVA. En publicidad, y especialmente en medios publicitarios, se mueve mucho dinero y con ello mucha documentación. El crecimiento de nuestro negocio viene acompañado de miles de facturas, muchísimas recibidas por parte de los proveedores y cientos de emitidas también a clientes. Controlar todo ese flujo de documentos es crítico. A modo de ejemplo, en los primeros ocho meses del año dos mil veintidós teníamos más de seis mil quinientos registros entre pedidos, presupuestos y facturas, con un conjunto de datos que representaban casi ciento cuarenta mil unidades de información. Sistematizarlo era fundamental.

Nos pusimos a buscar soluciones desde el primer día. Probamos varios sistemas e incluso invertimos algo de dinero en formación con algún proveedor. Pero las soluciones tecnológicas no nos satisfacían. Aunque eran desarrollos hechos específicamente para nuestra industria estaban pensados desde lo que nos diferencia y no desde lo que nos asemeja a otros negocios. Tras cruzar el desierto dimos nuestro brazo a torcer y, mientras nuestro equipo aguantó estoicamente con uno de esos sistemas ad-hoc, reiniciamos la búsqueda y volvimos a empezar de nuevo.

Hizo falta un pensamiento lateral para darnos cuenta de que nuestro negocio no era tan diferente a una tienda de vinos. De hecho, era idéntico a tantos otros negocios de sectores dispares y aparentemente incomparables. Todos compramos y vendemos productos.

El eureka afloró en un almuerzo en el Coworking de Cloud de Barcelona. Estábamos compartiendo mesa con Alicia, la contable del coworking. Le expusimos nuestra problemática y nuestra necesidad de tener trazabilidad entre lo que comprábamos y vendíamos. Escuchó con atención y tras un breve momento de reflexión, nos dijo que había vivido situaciones similares cuando trabajaba para un departamento de eventos en una cadena hotelera. Compraban material y necesitaban saber a qué evento se destinaba cada partida. La solución la encontraron organizando la información por almacenes.

La palabra "almacén" me sonaba de haberla visto en diversos sistemas de facturación, incluso en algunos de muy simples. Le pregunté si se podían abrir infinitos almacenes y me miró atónita.

—Pues claro —contestó sin titubear.

Cogí el teléfono y llamé al proveedor. Efectivamente, no había límite de almacenes.

Trabajar con almacenes en publicidad parecía no tener sentido, pero fue la base de la solución. Obviamente, en una agencia de medios no existen almacenes y menos físicos. Vendemos servicios. No almacenamos cajas de vino. Compramos espacios publicitarios, pero no de forma física. Además, en nuestro modelo de empresa, al no tener una oficina física, no tendríamos ni siquiera un mínimo espacio de almacenamiento. Apenas tenemos sitio para guardar nuestra impresora.

Organizar conceptualmente nuestra facturación por almacenes, nos permitía agrupar y ordenar las compras y ventas de un mismo proyecto bajo un mismo techo imaginario. Habíamos descubierto una primera división global de nuestra base de datos agrupando los registros por un concepto común -el almacén- que hasta ahora nunca habíamos utilizado. Probablemente seamos la primera agencia con almacenes. Es un concepto mental, imaginario, pero que existe en muchos programas de facturación. Suele ser, además, un campo normalizado y procede de una tabla relacionada que evita errores de transcripción.

Poder abrir tantos almacenes como quisiéramos era el inicio de una organización de la información que en otros desarrollos se intentaba solucionar con complejas estructuras de tablas. Habíamos aprendido a pensar desde una nueva perspectiva, dándonos cuenta de que lo nuestro no era tan diferente.

Viendo el principio del camino, nos pusimos manos a la obra y repensamos todo nuestro proceso. No era fácil. Si se emprende teniendo muchos años de experiencia a la espalda, cuesta mucho repensar los procesos. Nos acostumbramos a trabajar de una determinada manera y no invertimos tiempo en repensar y simplificar los procesos.

Tras implementar el nuevo programa de facturación, una solución informática estándar y válida hasta para una tienda de arte en Ubud, tardamos un año en ajustar todos los procesos y reeducar a nuestro equipo en la nueva forma de pensar. Habíamos iniciado una enorme simplificación.

En la actualidad, ahorramos el noventa por ciento del tiempo que antes necesitábamos para comprar y vender. El proceso administrativo en una empresa es crítico, aunque no aporta ningún valor tangible para el cliente. Conseguimos economizar los costes de personal porque no necesitamos especialistas en la gestión de compra. Con los desarrollos de facturación específicos, sufridos también en nuestra breve historia, sería impensable. Repensarlo nos ha proporcionado una considerable ventaja en costes operativos. Tardamos un par de horas en instruir a un empleado en el nuevo sistema de trabajo, incluso si desconoce nuestro sector o no tiene experiencia laboral en publicidad.

La agrupación por almacenes y la utilización de un código alfanumérico que sirve para identificar la arborescencia de una campaña[9], nos permite una total trazabilidad entre compras y ventas. Nos sentimos muy satisfechos con el *rethink* acometido. No fue una travesía corta, pero tuvo final feliz. Ahora operamos con un sistema de compra y facturación totalmente generalista y estándar que sirve para cualquier negocio. Miles de empresas de todo tamaño y sector trabajamos con el mismo software y no hay ni una línea de programación específica para ninguno de los usuarios.

No hace falta inventar la rueda en tecnología empresarial. A veces basta con repensar procesos y darse cuenta de que los negocios aparentemente dispares tienen mucho más en común. Todos compramos y vendemos cosas. Muchísimos negocios funcionan así, incluso Google. El buscador recoge información, la organiza y la vende. Desde un punto de vista empresarial no es más complejo[10].

Si lo nuestro se ha podido acoplar a un programa estándar, por mucho que la competencia invierta ingentes cantidades en sus programas de gestión, repiensa si tu proceso no podría encajarse en algo sencillo. Hay que pensar fuera de lo estándar y no obsesionarse con el

---

[9] Mientras el almacén nos garantiza que todo pertenezca a un mismo proyecto, el código alfanumérico, una cadena de diez dígitos dividido en cuatro conjuntos de cifras, nos revela el cliente, el anunciante, el producto y la campaña. Al repetir esa referencia en todos los documentos, podemos agrupar la base datos como queramos. La referencia funciona como una palabra clave en bases de datos, a través de la cual se puede recuperar toda la información relacionada.
[10] Al contrario del buscador, el sistema de facturación de Google es todo menos sencillo. Son brillantes organizando la información, pero menos perspicaces en su proceso de facturación. Los continuos cambios en esa área denotan las carencias de su sistema.

sentido literal de las palabras. Un almacén suele ser una gran nave en un polígono industrial, como el enorme espacio de almacenamiento de IKEA al final del laberinto de pasillos[11]. Pero, también puede ser un espacio imaginario donde agrupar registros con un denominador común. Intenta simplificar.

Aprovéchate de la tecnología existente. En nuestro caso, no tenemos servidores, no tenemos personal de IT en plantilla, no invertimos casi nada en desarrollo. Todo aquello que no suma valor a nuestro producto, lo externalizamos. Aunque nos preocupa enormemente la seguridad informática, eso no significa que necesitemos tenerlo todo internamente. Jamás podríamos costear los ingenieros que contratan Microsoft, Google, Apple y tantas otras empresas punteras de tecnología y que tan necesarias son para nuestro funcionamiento. Nuestros puntos débiles son únicamente el suministro eléctrico e Internet aunque, dado nuestro funcionamiento descentralizado, es difícil imaginarse un fallo al mismo tiempo.

Hemos testado con éxito la resistencia de nuestro sistema tecnológico desplazándonos a trabajar unos meses al Sudeste Asiático. Recibíamos las llamadas por telefonía IP en nuestros móviles, contábamos con una VPN para cifrar el tráfico de datos, trabajábamos desde diferentes coworkings y pudimos mantener videollamadas sin que nadie se diese cuenta desde dónde operábamos. Hemos trabajado sin interrupción desde Ubud, Chiang Mai y Seúl con las soluciones tecnológicas externalizadas y hemos comprobado de forma fehaciente que, apoyándonos en tecnología existente y no propia, podemos operar desde cualquier lugar del mundo.

Ahórrate dinero. No inventes lo que otros ya han inventado. Aprovéchate de los precios de pago por uso, apaláncate en ingenierías que otros deben mantener. Céntrate en aquello que crea valor para tus clientes. Las facturas se tienen que enviar, debes poder pagar a tus proveedores puntualmente y detectar si te cobran dos veces lo mismo.

---

[11] El origen de nuestra referencia en los documentos nació paseándonos por los pasillos del almacén de IKEA. La organización de una nave es una ciencia. Se divide por secciones, pasillos y estantes. Sin una tabla explicativa, sería imposible encontrar nada, ni siquiera para el personal de IKEA. En nuestro caso utilizamos una cadena alfanumérica dividido en cuatro conjuntos de dígitos, que definen de lo más general a lo más particular. Son como las secciones, pasillos y estantes. En un momento somos capaces encontrar el estante.

Debes tener una visión general de la salud financiera de tu empresa, pero no hace falta desarrollarlo tecnológicamente.

Martin Lindstrom, un prolífico escritor y conferenciante, contaba en una de sus conferencias la anécdota del origen de un absurdo círculo rojo en una base militar. Según contaba, durante la Segunda Guerra Mundial hubo una visita de un alto mando a la base militar y hubo que repintar unas señales de color rojo. El soldado encargado de hacerlo tropezó con el cubo de pintura y quedó una enorme mancha roja en el suelo. Para solucionarlo se decidió extender la pintura y formar un impoluto círculo rojo. Y así nació el círculo rojo de esa base militar, que año tras año se repintaba sin cuestionarse nadie el porqué.

En las empresas suelen existir muchos círculos rojos; procesos que un día se pusieron en marcha y que nadie se cuestiona. En tecnología, especialmente en bases de datos, existen múltiples procesos de tipo círculo rojo. Muchas veces se registra información que no tiene sentido apuntar o que luego nadie utiliza. Vigila esas trampas. Si te cae un cubo de pintura al suelo, tómate el tiempo de limpiarlo y evita así el nacimiento de una tarea inútilmente rutinaria.

10 HAZ INGRESOS

Se negocia mucho mejor teniendo dinero.

Tarde o temprano, las empresas tienen que lograr suficientes ingresos para cubrir los gastos y, si el objetivo empresarial es con ánimo de lucro, dar un superávit. Hacerlo tiene un montón de ventajas.

Por ejemplo, las instituciones financieras consultan los balances históricos para calcular si les conviene o no fiarte recursos. Puede ser un producto tan sencillo como tarjetas de crédito o una línea de avales. Pero, no solo los bancos lo consultan, también lo harán tus proveedores, especialmente los establecidos. Nuestro programa SaaS de facturación nos permite crear alertas sobre clientes y proveedores para saber, de una forma automatizada, si alguna de esas empresas pudiera tener problemas de liquidez. Lo mismo deben hacer con nosotros.

No solo corres riesgos con tus clientes, sino también con los proveedores. Al principio, muchos proveedores querrán cobrar al momento o incluso por adelantado, porque no tienen histórico contigo. Facebook, por ejemplo, en su área publicitaria, genera facturas por minutos. Al inicio de la relación comercial, se aseguran el cobro con este sistema de emisión de facturas. Dicho por el responsable de Facebook en España, esa plataforma planetaria apenas tiene impagados en país alguno.

Confieso que no entiendo el mundo de los startups con continuas rondas de inversión y sin ver en mucho tiempo resultados positivos[12].

---

[12] Siempre hay excepciones. Por ejemplo: Pablo Fernández, cofundador de Clicars y Clikalia.

Algunas incluso cotizan en bolsa estando siempre en negativo. Dicen que hay que mirar los resultados antes de amortizaciones y los crecimientos en ventas.

He invertido en varias de ellas antes de emprender. Estaba tan deprimido por no lanzarme, que compensé mis ganas de emprender invirtiendo pequeñas cantidades en proyectos de otros. Una ya cerró por inviabilidad económica, las otras van haciendo y solo Kantox ha conseguido que uno de sus inversores, BNP Paribas, hiciera una oferta de compra por la totalidad de las participaciones. Si todo va como había previsto, con un poco de suerte recuperaré lo apostado en todas ellas, aunque sin ganancias. Hacer dinero es muy difícil.

Elabora un pequeño plan de negocios y un *forecast*. Un *forecast* es una sencilla hoja de cálculo organizada por meses en columnas y partidas en filas, donde podrás ver en un instante cómo llegarás a final de año. No hagas trampas al solitario. Sé muy prudente en ingresos. Anota solo lo realmente esperable, sin incluir nuevo negocio ni cifras ilusorias. Los gastos, en cambio, son muy fáciles de estimar. Se conocen con certeza de antemano. Además, conviene añadir siempre una línea de gastos imprevistos. Los gastos inesperados son fruto de la ley de Murphy, siempre aparecen.

Hecha la estimación, la idea sería llegar en positivo a finales del ejercicio. El *forecast* permite descubrir necesidades de financiación periodificadas y sirve como plan simplificado de tesorería. Ten en cuenta, no obstante, que las entradas y salidas de dinero no tienen por qué coincidir contablemente con el mes en el que están apuntados. Tanto clientes como proveedores tendrán sus condiciones de pago y son fechas orientativas. Los cumplimientos en cobro suelen ser excepciones, especialmente en España.

Al inicio de nuestra agencia, no incluíamos en el *forecast* los impuestos sobre el valor añadido. En función del negocio que manejes, incluirlos o no puede hacer una diferencia fundamental. En nuestro segundo año de existencia, ganamos un nuevo negocio de más de un millón de euros. Estábamos eufóricos e hicimos pantallazos de nuestros móviles al ver el ingreso en cuenta. No era dinero nuestro, sino recursos que luego se transferirían a nuestros proveedores. De hecho, del millón de euros a nosotros nos quedaba solo una pequeña parte en concepto de servicio de agencia. Pero, ahí estaba en la cuenta por unos días. Introdujimos la cifra en nuestro *forecast* sin contemplar los impuestos, un porcentaje que en nuestro mercado se eleva a un veintiún por ciento y, por lo tanto, a más de doscientos mil euros. A primera vista no nos percatamos del riesgo. Los impuestos superaban con creces nuestro capital social, nuestras reservas e incluso nuestra capacidad personal de financiación. El desfase entre impuesto repercutidos y soportados, especialmente en declaraciones trimestrales y que suele ser lo habitual en una nueva empresa, puede suponer una tensión de tesorería de difícil solución.

Afortunadamente teníamos experiencia y sabíamos que, de no tener las facturas de los proveedores, haríamos fallida con total seguridad. Nos pusimos en marcha y exigimos con férrea determinación facturas de anticipo a nuestros proveedores. Comprábamos campaña solo a cambio de facturas, así de simple y contundente.

Es tan negativo crecer deprisa como no crecer. Hay que ir generando caja para financiar los crecimientos. No lo olvides. Avanza con prudencia y si se presenta un caso como el nuestro, tras un merecido minuto de disfrute, ponte en guardia.

En una empresa sin ánimo de lucro, la tensión financiera es aún mayor. Debe ser más difícil dormir por las noches. Hacer beneficios genera músculo financiero e inspira confianza a los *stakeholders*. Proveedores, bancos e incluso tu equipo se sentirán más seguros. No es tanto el potencial de lucro del empresario como la confianza del entorno en el proyecto. En nuestra agencia conseguimos números negros desde el primer día y durante años acumulamos los excedentes para tener músculo financiero. En la actualidad hasta nos permitimos rentabilizar el ahorro conseguido en operaciones financieras con proveedores. Tenemos capacidad de adelantar pagos si nuestro proveedor sufre con tensiones de tesorería.

No puedo repetirlo lo suficiente: minimiza los gastos y maximiza los ingresos. Es cierto que no se pueden generar ingresos sin hacer gastos, pero sé tacaño, sé previsor, sé prudente y sé pesimista en todo lo que se refiere a las finanzas. En general, las cosas irán peor de lo que uno se espera.

Tras seis años y varios ejercicios sin repartir beneficios, seguimos destinando una buena cantidad a reservas voluntarias. Ese dinero nos sirve luego para gestionar mejor la tesorería. Y aunque los bancos pueden castigar los saldos positivos, preferimos disponer de recursos propios para prestárnoslo a nosotros mismos.

11 ADAPTA EL PLAN DE NEGOCIOS

Ahora lo único que es cierto es que todo es incierto. Y ante la incerteza conviene ser flexible[13].

Wayne Anthony Griffiths, presidente de SEAT y Cupra.

Tras nuestra experiencia y habiendo leído mucho sobre planificación empresarial, creo que es importante tener un plan de negocios. Pero sin obsesionarse. Si no necesitas financiación externa, que te obligaría a redactarlo y documentarlo muy bien, recomiendo el método de Tim Berry, fundador de Palo Alto Software y gran experto en el asesoramiento a empresas de nueva creación.

Tim Berry recomienda ir planificando conforme avanzas, un concepto que bautizó como *LivePlan*. Un plan de negocios no es algo estático. Te guste o no, te lo creas o no, tendrás que adaptarte al mercado. Y esa adaptación comprende cambios en el camino y adecuaciones en tu plan de negocio. No lo guardes como un pdf, sino como un fichero editable.

El profesor Pedro Nueno del IESE, en un curso a directivos hace ya muchos años, nos mostró una imagen que me quedó grabada. Dijo que cuando se crea una empresa es importante fijarse un objetivo, un destino. Y para ilustrarlo, proyectó una foto de una violenta tormenta eléctrica en la pizarra. Se veía cómo caía un rayo.

---

[13] https://www.ara.cat/videos/entrevistes/entrevista-wayne-griffiths-president-seat_7_4498098.html

—El rayo —continuó Nueno —tiene un objetivo y es llegar a impactar para soltar su carga eléctrica. Pero, si os fijáis, —puntualizó— no sigue un camino recto. Los rayos rara vez describen una línea recta. El camino al objetivo pasa por el recorrido más eficiente, siempre por el más fácil.

Como dice Pedro Nueno del IESE, un plan de negocios es un camino para llegar a un destino. Pero, como los rayos, no te obsesiones por recorrer un camino recto. Escoge el más eficiente, el más fácil[14]. Foto: https://unsplash.com/es/@clintnaik en Unsplash.

Esa imagen y explicación me quedó en la retina e intento no olvidarla. No hay que obsesionarse con lo apuntado en la primera versión del plan de negocio. Es importante tener un objetivo, describir un posible camino y hacer los primeros números. Pero, una vez arrancas, recuerda que ese plan es un plan en evolución. Esta forma de proceder se conoce también como *lean business* plan. La idea detrás de este concepto es que continuamente se revise, se corrija y se adapte a las exigencias de la realidad. Un plan de negocio es un ejercicio estimativo, bien calculado sobre unas hipótesis de arranque, que debe contrastarse y corregirse conforme conozcamos la realidad de los hechos.

Como dice Tim Berry, un plan de negocio no está grabado en una piedra; no es una lápida para la eternidad. No te sientas mal si debes modificarlo, no se trata de una equivocación. Al contrario, es una excelente señal de tu capacidad de adaptación.

---

[14] Idea original de Ph. D. Pedro Nueno (IESE), profesor de Administración de Empresas.

Se trata de llegar a un destino, pero no necesariamente por un camino recto. Un plan de negocio es un esbozo, no un Google Maps. Aplica el sentido común y si la "descarga eléctrica" va a parar a otro lugar, adapta el discurso. Una empresa es una máquina de hacer ingresos y solo se conseguirá si soltamos la descarga eléctrica.

12 MARCA Y TAGLINE

El tagline es para la marca lo que el apellido es para el nombre[15]*. Define la historia del producto. Apple: Think different. Red Bull: Red Bull te da alas. KIA: Movement that inspires. Tabasco: Pepper Sauce. Medialog: Accelerating Media*

Cuando escribimos nuestro plan de negocios habíamos definido visión, misión y valores, y buscábamos un tagline que definiera el propósito de nuestra empresa a través de una breve frase. El tagline es como el apellido de una marca y que hace más entendible su propósito. Por ejemplo: VW es una marca y "Das Auto" su tagline. Traducido al castellano significa "El coche", debiéndose poner el énfasis en el artículo. VW no es un vehículo cualquiera, sino el auténtico automóvil; así lo cree el fabricante. Todo el mundo sabe qué es un automóvil, mientras que VW podría ser cualquier cosa. Así que, VW es un automóvil, y siguiendo la promesa de la marca alemana, el auténtico automóvil.

Aunque muchos conozcamos la marca VW, no todo el mundo la conoce. En Europa y otros muchos países donde VW tenga una buena participación de mercado, los compradores de coches reconocerán la marca perfectamente. Pero, hay países en los que VW apenas vende un vehículo o directamente no tiene puntos de venta. El día que decidan

---

[15] En la parte más conflictiva de la historia norteamericana, cuando los estados del sur habían normalizado la tenencia de esclavos, se les desproveía del apellido originario. Un nombre sin apellido les convertía en individuos sin identidad, sin historia. Eran una mercancía como si fueran simples objetos. El apellido encierra nuestra procedencia.

entrar en esos mercados, contar con un tagline aclaratorio es una buena idea. Otra cosa será que todo el mundo entienda alemán... Muchos conocedores de la famosa marca alemana de automóviles no sabrían traducir ese tagline y, ciertamente, pocas veces los tagline se traducen. Por eso, el nuestro es en inglés, que es un idioma más universal. Si un día decidiéramos abrir en Indonesia será más fácil que sepan a qué nos dedicamos.

Nuestra agencia se llama Medialog, un acrónimo creado por Pepón Prades de PTS, fallecido hace unos años y uno de los mejores estrategas creativos que había conocido. Medialog es la combinatoria de las palabras *media*, el término inglés para referirse a medios de comunicación, y *dialog*. Nos fascinó el acrónimo y así lo registramos como el nombre de agencia. El acrónimo definía exactamente nuestra actividad. Medialog se dedica a facilitar un dialogo entre marcas y consumidores, a través de los medios.

Ahora bien, la marca Medialog no significa nada para quién no nos conozca. No se sabe si nos dedicamos a programación por aquello del "log", a mediadores en negociaciones o a suministros de hoteles y restaurantes. De hecho, existe un Medialog en Francia dedicado al mundo de la hostelería[16]. Incluso habíamos encontrado una sociedad de creyentes en Suiza, que dicen comunicarse con Dios y que se bautizaron como Medialog mucho antes de crear nosotros la agencia en España. A modo aclaratorio, nuestro Medialog no es una congregación de creyentes, al menos no de tipo religioso. Lo nuestro es una actividad mucho más terrenal y fácil de entender.

Las marcas son importantes y tienen significado, sobre todo cuando se explica su propósito y los beneficios que aportan. La marca a secas no suele tener mucho significado. Todos sabemos para qué sirve Google, pero cuando lanzaron el buscador, llamada inicialmente *Backrub*, el término *googol* estaba restringido al mundo de los matemáticos[17].

Aunque Google nunca llegó a añadir un tagline a su marca, han sido extremadamente coherentes en su puesta en escena y no hizo falta dar mayores aclaraciones. Todos sabemos para qué sirve. Google es

---

[16] https://www.medialog.fr/
[17] Viene de la palabra googol y es el número 10 elevado a 100.

sinónimo de buscar, de hecho, googlear se ha convertido en un neologismo y verbo aceptado por la Sociedad Americana de Dialectos.

Desde su creación han sido muy minimalistas en su página web. En los últimos decenios apenas la han modificado. Incluso conservan el botón "Voy a tener suerte" y que tanto clicábamos al principio. A través del uso, hemos aprendido a qué se dedica Google y al buscar varias veces al día en su aplicación, el efecto cognitivo sobre el propósito de Google tiene pocos riesgos de decaer, al menos por ahora.

Cuando abrimos las puertas de Medialog en el 2016 en el barrio de Gràcia de Barcelona, subiendo por la calle Escorial solía pasar por delante de un comercio que tenía las persianas aun bajadas. Lucía un cartel verde con tres letras blancas en mayúsculas y negritas. Probablemente sería como nuestro Medialog, habría un sentido en esas iniciales. Podrían ser los nombres de los emprendedores o vete a saber. Por las simples letras, el negocio podría dedicarse a cualquier actividad. Resultaba imposible adivinar el propósito de ese comercio y menos con las persianas bajadas.

Comercio BLN en la calle Escorial en el barrio de Gràcia, Barcelona. Aunque no se aprecia en una foto en blanco y negro, el fondo del cartel era verde. Fuente: elaboración propia.

Ahora bien, a diferencia de nosotros, BLN había añadido un tagline: La casa del té. Perfecto, ya estaba claro el propósito. De repente, el verde del fondo adquiría también significado. Ahí se vendían toda clase de tés. Así de sencillo.

Uno siente orgullo por su marca. Tener un letrero, aunque solo sea la combinatoria de las primeras letras de sus fundadores o, como en nuestro caso, haciendo un ingenioso acrónimo con dos palabras que encierran nuestra principal actividad, nos parecía suficiente, pero no lo es. Conviene dejarlo más claro. Una marca debe entenderse incluso con las persianas bajadas.

Al cabo de dos años, añadimos el tagline *Accelerating media* como frase aclaratoria de nuestra marca. No sabemos si será el tagline definitivo, pero lo tenemos. Conforme evolucionemos lo iremos evaluando. Adaptaremos nuestro modelo de negocio y con ello el propósito de la marca. Y si un día nos viésemos obligados a matizar el tagline, lo haríamos sin complejos.

La diferencia entre tagline, eslogan y claim no es siempre clara. Mientras el tagline define la esencia de una marca y está pensado para conservarse a muy largo plazo, el eslogan define la forma de ser y es más publicitario, aunque también perdura en el tiempo. El claim, en cambio, se suele asociar a una campaña y evoluciona según las circunstancias.

13 VENDE LO QUE SE COMPRA

La calidad de un producto no es suficiente para conseguir ventas. Hace falta que los compradores lo necesiten.

La calidad no es garantía de venta, ni siquiera cuando es excelente. Muchos emprendedores se llevan las manos a la cabeza cuando ven que sus creaciones innovadoras, prácticas, buenísimas, originales y hasta baratas no consiguen compradores. Por muy buen paño que sea, la venta no está garantizada.

Recuerdo al director comercial de Telemadrid, una televisión española con audiencias incuestionables, cuando venía a verme para conseguir mayores volúmenes de inversión por parte de nuestros equipos de planificación. Era un tipo grande con barba, vestido siempre de *smart causal* y muy divertido. Tenía unas manos el doble de grandes que las mías. Nos conocíamos desde hacía años y nunca hubo nada que no pudiésemos solucionar.

Esa mañana le veía agobiado. Los directores comerciales sufren fuertes presiones para incrementar la facturación y alcanzar sus bonificaciones. Probablemente le pusieron objetivos imposibles y él lo sabía. Vino para hacerme una oferta. Dijo que había indagado sobre cómo incrementar nuestra participación en su televisión y creía que el problema no podía ser otro que el precio. Telemadrid actúa sobre una población millonaria, próspera, consumidora y con una programación de buena aceptación. No había ningún problema de calidad ni justificación para no invertir en aquella televisión.

En nuestro sector, como en muchos otros, el precio es determinante. En eso llevaba razón. Por lo tanto, una bajada de coste podía desbloquear la situación y así me lo expuso. Tras escucharle con atención, le dije que no funcionaría. Que, si lo hacía, probablemente ingresaría aún menos. Intenté hacerle ver que nuestros equipos compraban lo necesario en su televisión. No hacía falta comprar más impactos para lograr nuestros objetivos.

Aun así, mantuvo su estrategia y nuestros equipos compraron más barato que nunca, pero no más cantidad. Nuestros clientes necesitaban llegar a los consumidores de Madrid, pero no con más intensidad. Para que sea efectiva una campaña publicitaria no hace falta excederse con la repetición del mensaje. Como nuestra labor era economizar la compra de medios en beneficio de nuestros anunciantes, seguíamos comprando lo mismo, pero simplemente más barato. Fue un amargo aprendizaje para el director comercial. A veces, una bajada de precio puede suponer un menor nivel de ingresos.

Los compradores compran lo que necesitan y una manera de sobrevivir es ofrecer una gama de productos amplios. En Indonesia, desde donde escribo estas líneas, suele haber un negocio por vivienda. Algunas se especializan en una actividad concreta como restauración, lavandería, alquiler de motos, arte, frutería, etc., aunque la gran mayoría ofrece todo a la vez.

He visto muchos comercios que sirven café, alquilan motos, venden cuadros y ofrecen un *young cocunat* para tomarte a temperatura ambiente o frío. Muchos incluso venden gasolina en botellas de vodka, además de todo lo anterior. Aparentemente es un caos, pero desde el punto de vista comercial, son negocios bien pensados. Para reducir el riesgo de venta, si tienes una gama de productos más amplia, tienes más probabilidades de vender alguna cosa.

Ya me imagino que no has comprado este libro para vender *young cocunats*. Ahora bien, incluso en el sector de los cocos, se puede aplicar la misma política. En la calle principal de Ubud, una ciudad al norte de Denpasar, uno de los negocios se había especializado en cocos. Podías encontrar helado de coco, *smoothies* de coco, menús a base de coco, unas excelentes galletas de coco y hasta menaje para el hogar hecho con cocos. Quién emprendiera ese negocio, aplicó la misma medicina que su vecino con la estantería de gasolina embotellada. Ofrece de todo dentro de una misma categoría de productos. Es una forma de asegurarse la venta, ampliando la gama de productos en una misma categoría. Si te chiflan los cocos, esa es tu tienda.

Típico comercio balinés. Las probabilidades de vender aumentan si se ofrece una gama de productos y servicios más amplia. Foto: elaboración propia en Ubud, Bali.

Suena irónico, pero no es mi intención. No bromeo ni con las botellas de vodka ni con las cucharas de coco. Quiero que observes a tu alrededor y te fijes cómo venden otros. Y si hace tiempo que están abiertos, atención, en algo aciertan. Vender es muy difícil y no se rige solo por tu pasión.

El consejo de perseguir tu ilusión porque quien la persigue la consigue, es un refrán similar al de "El buen paño en el arca se vende". Los refranes contienen verdades universales, pero no podrás culpar a nadie si en tu caso no ha funcionado. Arranca un negocio con una oferta que otros necesiten. Este sería el consejo más importante.

El propietario de OneData, una empresa dedicada a la venta de contenido para secciones fijas en medios de comunicación como carteleras de cine, programación televisiva, obras de teatro, conciertos, etc., está liderada por un emprendedor muy inteligente. Hace muchos años quisimos arrancar juntos un proyecto en el sector publicitario, aunque finalmente nos habíamos liado abriendo una sucursal de una multinacional. Mientras dábamos vueltas a un posible emprendimiento, siempre me alertaba de que todo lo que pueda pensar, ya existía en algún lugar del mundo. Era una cuestión de probabilidad estadística. Vender gasolina en botellas de vodka no es una idea muy original, pero es un producto demandado. Si conduces por las montañas de Bali y te quedas corto de gasolina, la estantería de botellas de vodka llenas de un líquido verde te parecerá una de las mejores ocurrencias del día. El vendedor lo sabe y sus vecinos también. Por eso todos venden gasolina.

Está bien pensar en algo novedoso, pero no es absolutamente necesario. En nuestro caso sabíamos que no íbamos a abrir una gasolinera. Nuestros conocimientos se ciñen a la publicidad y ahí a un nicho de mercado llamado planificación y compra de medios. No se trata de vender gasolina embotellada porque a los conductores les pueda faltar en determinados momentos. No estoy diciendo dedicarse a lo que a uno no le motive. Simplemente alerto que no te dejes llevar por el optimismo del emprendedor. Una hoja de cálculo lo aguanta todo.

Por muy original que sea tu idea, por muy perfecto e innovador que parezca tu oferta, el mercado no necesariamente lo compra. De hecho, si algo no existe, sospecha. Si el fundador de OneData tenía razón, que seguro la tiene, busca si no existe en algún lugar del mundo. Si de verdad dieses con una novedad, lo más probable es que otros ya lo probaron y desaparecieron porque como negocio era inviable. Revolut no es una innovación como medio de pago, pero es revolucionario en su usabilidad con la aplicación asociada al servicio. En el mundo de las tarjetas de débito, Revolut está a años luz del resto sin haber innovado en la finalidad última del producto. Revolut sirve para pagar, al igual que la visa de PNB Paribas.

Observa y pregúntate porqué tu producto o servicio no existe, o porqué hay pocos en tu zona. Aunque seas un genio, no estás solo. El comerciante hábil no necesariamente ofrece algo único, sino gestiona con más acierto un negocio que otros también tienen.

Finalmente, cuanto más te especialices para diferenciarte, más reducido será tu mercado y menos venderás. A mí no me chiflan los cocos. No creo que vaya a entrar muchas veces en el *Tukies Coconut Shop* de Ubud, aunque me compraba sus buenísimas galletas. Especializarse significa mayor know-how, probablemente mejor calidad, pero también menos clientes. Si te especializas, necesariamente deberás pensar en un área geográfica más amplia para compensar la reducida dimensión del mercado. Si puedes, piensa planetariamente.

14 NO CAUSES DAÑO

"To all the emerging new breed of CEOs who will freely and willingly operate from their hearts and whose values, persistence and personal integrity, will quietly create the new paradigm of doing Business which balances your people, our planet and profits." Rick Pursell

La víspera de Sant Joan, un festivo muy celebrado en Cataluña, encontrándonos a 12.500 kilómetros, lo cogimos de permiso. Fuimos hacia el norte, hacia el monte Batur, uno de los volcanes más altos de esta isla indonesia. Habíamos reservado en el hotel *Heaven in Bali*, un nombre muy sugerente y un buen ejemplo de marca que encierra su tagline en la misma denominación del negocio.

Recorrimos una de las largas carreteras que se extiende desde el volcán al sur de la isla, pasando por poblados densamente habitados. En Indonesia son muy habituales las poblaciones con cientos de negocios por ambos lados de la carretera. Los productos muchas veces invaden la calzada, especialmente los que se dedican a especias. Esparcen las sustancias vegetales para su secado al sol y hay que tener cuidado de no pisarlo con las ruedas.

Había muchísimo tráfico en ambos sentidos. Miles de motos iban montaña arriba y otras tantas, montaña abajo. Camiones y camionetas cargadas con todo tipo de cachivaches y sacando humo negro por sus tubos de escape avanzaban a toda velocidad en una y otra dirección. Bali es un sitio de muchos contrastes. Sus habitantes son extremadamente activos, todo el mundo vende cosas, transportan utensilios y enseres de un sitio a otro, no paran de moverse por las carreteras. Es como un enorme hormiguero. Es una sociedad muy activa. Hacen todo por sobrevivir porque no cuentan con la protección del estado.

Cuando llevábamos casi dos horas de camino, por fin vimos un pequeño cartel con el nombre del hotel. Pusimos el intermitente y nos adentramos por la improvisada carretera. La vegetación era muy intensa y el suelo estaba mojado. Avanzábamos con cuidado hasta llegar a unas villas. Estaba nublado y empezaron a caer gotas. En Bali llueve mucho.

La entrada del hotel lo conformaban unos portones abiertos que daban al jardín delantero. Hacía años que no se habían cerrado. La vegetación había invadido los portones por ambos lados y desde arriba bajaban largas raíces de los árboles tropicales.

En uno de los lados corría el agua por un pequeño torrente. Al traspasar el jardín había que pasar grandes piedras para sortear un pequeño estanque lleno de peces y plantas acuáticas. Nos adentramos al paraíso de Bali.

Una vez en el lobby, nos encontramos con dos empleadas balinesas que estaban ocupadas en ordenar la cocina. Nos miraron sorprendidas y nos dimos a conocer. Tras unos momentos de incertidumbre, nos invitaron a sentarnos en la terraza y nos pidieron unos minutos para preparar la habitación. Habíamos hecho la reserva el mismo día y no estaban al tanto. Estábamos solos en aquel paraíso a las faldas del monte Batur, rodeado por una espesa vegetación y con vistas a un enorme valle y grandes volcanes más al oeste.

Al poco rato se acercó un hombre de edad veterana, delgado y con diversos tatuajes en los brazos. Llevaba una barba blanca cuidadosamente recortada. Sus ojos eran claros, de color azul y tenía una mirada intensa. Podía ser inglés o australiano, y así fue. Había nacido en Inglaterra y emigró con sus padres a Australia. *Heaven in Bali* era su retiro espiritual, su base de operaciones para un proyecto vital que en aquel momento aún desconocíamos. Se interesó por nosotros, se disculpó por no habernos esperado y nos dio la bienvenida a *Heaven in Bali*.

Preparada la habitación, nos instalamos. Había mantas eléctricas en la cama; estábamos casi a mil metros de altitud. Echados en la cama y con el iPad en la mano, googleé Rick Pursell en Chrome. Tenía un blog y unos cuantos vídeos en YouTube. Abrí algún enlace y comencé a indagar.

Rick se había alistado al ejército australiano en los años 60 y lo enviaron a luchar a Vietnam. Era un excombatiente de aquel desastre. Según me explicó durante aquel fin de semana, había visto tanta maldad en los humanos, que decidió dar un giro a su vida. Me comentó que muchos años después, volvió a visitar los sitios donde había luchado y se encontró con personas que habían sido sus enemigos. Fue allá para reencontrarse, para disculparse, para abrazarles. Eran personas como él y aquello no tuvo ningún sentido.

Heaven in Bali, aparte de ser un lugar mágico e inspirador, es su proyecto de vida desde donde imparte cursos, coaching y escribe sus libros. Rick se implica en su entorno y cada vez que consigue dinero, lo reinvierte en la comunidad.

Me impresionó aquella historia, esa casualidad de llegar a un oasis de paz lleno de altruismo, su experiencia vital extremadamente violenta y destructiva, y ahora ese proyecto de vida para contribuir a un mundo mejor. Su obra *Cause no harm: Creating a future without causing harm*[18] es un ensayo basado en su experiencia y tiene aplicación en lo privado y en lo empresarial. De hecho, un manual que como emprendedores deberíamos leer.

En el decimotercer capítulo apunté que hay que vender, lo que se compra. Era una recomendación para tener más éxito comercial o minimizar pérdidas. Pero no debemos vender cualquier producto por el simple hecho de que haya compradores. No se vale conseguir transacciones económicas sin tener en cuenta el impacto que nuestra actividad tiene en el entorno más cercano y también en el más alejado. Rick Pursell postula la obligación de ser responsables, de preservar nuestro mundo no solo para nosotros, sino también para todos los demás y los que vengan después. Por este motivo existen las asignaturas de *Business Ethics* en las escuelas de negocio. Tener integridad como emprendedor, ser consciente de la importancia de la sostenibilidad y del efecto que nuestra actividad tiene en los demás, es una obligación. Hoy más que nunca.

Cada vez son más las voces autorizadas de expertos y estudiosos que alertan de la extinción de nuestra especie por nuestra irresponsabilidad y falta de sensibilidad a la necesidad de equilibrio. El crecimiento ilimitado

---

[18] Pursell, Rick (2010). Cause no harm. A handbook for humanity. Amazon

no es compatible con nuestra supervivencia como especie. A la vista están los efectos de nuestra insensatez. Es importante que los nuevos emprendedores seamos personas conscientes de esta realidad. Crear un centro productivo para un conjunto de empleados no debe ser la causa de la pobreza y destrucción de nuestro entorno, ya sea cercano o lejano.

En Indonesia, una de las imágenes más impactantes es la cantidad de basura que hay en todos sitios. Nuestro mundo industrializado no tiene en cuenta el daño que hace a decenas de miles de kilómetros de distancia. No basta con hacer recogida selectiva en nuestros países. Debemos ser mucho más radicales como consumidores y forzar a la industria a tomar conciencia, no solo en su entorno inmediato, sino mucho más allá de sus fronteras. *Cause no harm* es una filosofía que debemos aplicarnos todos.

Ser conscientes de nuestro impacto no solo afecta a empresas fabricantes de productos, sino también al sector servicios. Nuestra agencia debe hacer una reflexión sobre el impacto medioambiental de nuestras decisiones. Por ejemplo, nuestro acuerdo tras la pandemia de no retornar a una oficina clásica, de no obligar a nuestros empleados a desplazarse diariamente a un lugar de producción, no solo aporta beneficio para la conciliación laboral y familiar, sino también una reducción de nuestra huella de carbono. Muchos que nos conocen creen que lo hacemos por comodidad, por vivir mejor, pero ese no es el motivo. Somos mucho más productivos. Ganamos tiempo al no desplazarnos. Hemos conseguido crecer en volumen de negocio y hemos podido incorporar nuevos empleados en plena pandemia.

Hacer dinero es lícito y necesario, pero no a cualquier precio. Lee el manual de Rick Pursell y comprométete a ser un empresario responsable. Debemos emprender conscientemente. Y si nuestra actividad causa daño, aunque sea indirectamente y en pequeña cantidad, ingéniatelas para reducirlo y eliminarlo. Google se anuncia de emisión neutra de carbono desde el 2007. De eso hace ahora quince años y en tan solo ocho más, en el 2030, su objetivo es funcionar con energía limpia permanentemente[19]. Tomemos ejemplo.

---

[19] https://sustainability.google/intl/es/carbon-free/?utm_source=googlehpfooter&utm_medium=housepromos&utm_campaign=bottom-footer&utm_content=#carbon-free-action

15 LOS BÚHOS Y LOS RATONES

Solucionar tu problema creando otro para los demás, no es ninguna solución. Saridev'i Ecolodge

A la falda del volcán Batukaru al norte de Bali, pasé una noche en un pequeño complejo hotelero familiar de la pareja Santi y Madé llamado Saridev'i Ecolodge. Son un matrimonio balinés, ella de 53, él de 58 años.

Habían pasado su vida en Denpasar, cuando sus hijos aún eran pequeños. Ambos progenitores trabajaban en la capital de Bali. Ya con los hijos crecidos e independientes, decidieron volver al pueblo, concretamente al lugar natal de Madé llamado Wongaya Gede. Ahí conservaban una amplia propiedad familiar, con bosques y campos de arroz. Decidieron ampliar la casa con pequeñas construcciones a modo de dormitorios para convertirlo en un modesto alojamiento turístico.

Cuando me alojé como huésped, habían pasado siete años desde que tomaron aquella decisión. Saridev'i, cuyo significado es: buen corazón protegido en una carcasa. Es un pequeño complejo típicamente balinés. La construcción principal, que hacía de recepción y comedor, contaba únicamente con un gran tejado de madera acabado en punta, típico balinés. En Bali, y especialmente en la parte más montañosa, llueve con abundancia. Conviene tener una generosa cubierta.

El espacio estaba decorado con unas mesas individuales de madera tropical con cuatro pesadas sillas decoradas con cojines rojizos. En uno de los lados había una mesa alargada para acomodar varios comensales y en el suelo, en la parte central, había una gran esterilla de bambú para sentarse en el suelo.

Mientras estaba sentado en una de las mesas individuales, podía observar los campos de arroz a lo lejos. Dada la orografía del lugar, con valles pronunciados y profundos, las terrazas de arroz eran estrechas franjas de apenas un metro y medio que recorrían el valle de lado a lado. No me quería imaginar la dificultad de trabajar ahí; no somos conscientes de la suerte que tenemos los que trabajamos sentados. Trabajar desde una silla, como en nuestra agencia o ahora mismo escribiendo este capítulo, no tiene esfuerzo alguno comparado con cultivar esas terrazas.

Saridevi's Ecolodge era prácticamente autosuficiente. Apenas compraban verduras ni arroz. Todo era producción propia. Dos veces al año recogían la cosecha de arroz y si les sobraba, la vendían.

No obstante, al inicio de su actividad, cuando llegaron de Denpasar, se enfrentaron a un problema de ecosistema muy severo. Había una sobrepoblación de ratones que se comían las semillas de la plantación. Nada crecía.

Madé, vestido con atuendo tradicional hindú, muy comprometido con su aldea como luego supe, quiso buscarle una solución sostenible. Lo sencillo hubiera sido envenenarlos con raticida, como suele ser habitual en muchos sitios, como él mismo explicaba. No obstante, aplicar esa solución, aunque cómoda y efectiva, creaba otros problemas en la cadena de alimentación, perjudicando otros animales y, a la larga, también a los humanos. Madé era consciente que sus decisiones tendrían una consecuencia más allá de sus campos y quiso buscar una solución más sostenible.

Tras hablar con otros agricultores y personas de su entorno, decidió introducir búhos. Adquirió veinte búhos y los adiestró para la caza de ratones. Aunque los búhos, por naturaleza, ya son excelentes cazadores de todo tipo de mamíferos, tenía que asegurarse que cazaran sobre todo ratones. Para hacerlo, los mantuvo enjaulados tres días sin alimentación, solo con agua. Por las noches, Madé se iba de caza para atrapar algunos ratones y tras el ayuno forzado de las rapaces, les ofreció los ratones para su alimentación. Dijo que los búhos los rechazaron, pero cuando el hambre se impuso, se los comieron. Así continuó durante 10 días y al undécimo, en lugar de alimentarlos con ratones, les ofreció pollo. Los búhos lo rechazaron. Tras otras 24 horas volvió a ofrecerles ratones y se los comieron. Ya estaban adiestrados.

Los búhos tenían fijación por los ratones y era el momento de liberarlos. Desde entonces, la sobrepoblación de ratones se redujo drásticamente y los búhos se repartieron por todo el valle. Según Madé, los búhos se reparten el territorio. En cada área solo admiten una pareja, de lo contrario luchan y resuelven el conflicto territorial por las malas. Consiguió así que un área mucho más amplia que su propiedad tuviera una solución sostenible a un desequilibrio de especies.

La naturaleza -dice Madé basándose en su conocimiento empírico- tiene que estar en equilibrio. Pero no con veneno y agentes químicos cuyas consecuencias no controlamos, sino con soluciones responsables, respetuosas con la comunidad, beneficiosos para el conjunto. Aunque esta historia pueda perturbar por su crudeza, es innegable que la solución de Madé es mucho más sostenible que perjudicar toda una cadena alimentaria.

"No causes daño" se refiere a esto. Esforzarse por buscar un método productivo lo menos perjudicial para el conjunto. Debemos pensar globalmente. Hay otras personas a nuestro alrededor, no se trata de solucionar solo nuestro problema.

Algunos ratones no estarán de acuerdo con esta teoría, pero a la larga, incluso beneficia a su propia especie. Perdurarán ratones y humanos en un equilibrio natural sin agentes extraños.

16 PIENSA PLANETARIAMENTE

Nik Storonsky, fundador de Revolut: "Viajaba mucho y malgastaba cientos de libras esterlinas en transacciones en moneda extranjera y comisiones de intercambio de moneda. Intenté buscar una tarjeta multidivisa, pero me dijeron que no era posible. Desde entonces me dedico a que sea posible".[20]

Si siempre permaneces en el mismo lugar, no acabas de interiorizar la trascendencia de algunas soluciones planetarias. Todos sabemos que puedes pedir una Coca-Cola prácticamente en todo el mundo. Starbuck's está en Barcelona, Basilea, Bali, Chiang Mai y casi en todas las esquinas de Seúl. No descubro nada diciéndote que Google permite búsquedas en multitud de idiomas, de hecho, en todos los idiomas y países si no fuera porque algunos ponen puertas al campo.

Pero no ha sido hasta que pusimos los pies en Indonesia que nos dimos cuenta de lo enormes que son algunas de las soluciones tecnológicas. Cuando aterrizas en una sociedad tan diferente como la balinesa, aunque se considera un país occidentalizado, te das cuenta de la dimensión del beneficio aportado por algunas grandes empresas. Desde poner una SIM indonesia en tu móvil y recibir llamadas como si estuvieras en casa, a los mundialmente conocidos fabricantes japoneses de motocicletas presentes hasta en el poblado más recóndito de la isla asiática. Son servicios y productos que traspasan países y continentes.

---

[20] https://www.forbes.com/sites/philipsalter/2015/12/09/london-fintech-entrepreneur-talking-about-a-revolution/?sh=6acfc06e7b21

Habíamos activado un desvío de nuestros números móviles a una numeración de telefonía IP. Así, si alguien marcaba nuestros números originales, quedaba desviado al número IP y sonaba en la aplicación instalada en nuestros móviles.

Nos habíamos decidido por la solución tecnológica de la compañía alemana NFON. Como teníamos datos y cobertura 4G gracias a la SIM indonesia, recibir y hacer llamadas era posible en cualquier circunstancia. La excelente idea del desvío se le ocurrió a nuestro proveedor de IT en España, Abitech, cuando faltaban pocas semanas para coger el vuelo. De esta manera, nuestras comunicaciones con clientes y proveedores se desarrollaban por llamadas locales. El coste del desvío tenía una tarifa plana de tan solo dos euros mensuales. Muchos ni se dieron cuenta dónde estábamos, algunos no supieron nunca que nos habíamos marchado. Conservábamos el fondo habitual utilizado en videoconferencias, por lo que era imposible imaginarse nuestra ubicación.

NFON, Coca-Cola, Starbuck's, Yamaha o Google, por mencionar unos pocos, ofrecen soluciones planetarias. No sé si al crearse esos productos y servicios pensaban planetariamente, pero en la medida de lo posible, si emprendes, inténtalo. Si tu solución tiene capacidad de dar servicio y venderse en cualquier rincón del mundo, tu mercado no es solo grande, sino inmenso. Solemos pensar en nuestro entorno, en los clientes que conocemos, pero pocas veces pensamos en más países, en más continentes, en el planeta entero.

Los ejemplos son marcas mundialmente conocidas y, por lo tanto, imposibles de alcanzar cuando emprendes. Pero lo importante no es dejarse impresionar por su dimensión, sino quedarse con el enfoque. Pensar planetariamente cuando se emprende nos lleva a otro nivel de pensamiento. Si escribes un libro de emprendimiento como el que tienes en la mano, piensa planetariamente, no lo límites al mercado de tu entorno inmediato. Si compones música, piensa en seducir cualquier humano. Si programas una solución tecnológica, piensa en su utilización en cualquier rincón del mundo.

Medios de pago como VISA, Mastercard o American Express son modelos planetarios de hace muchísimos años, pero las innovadoras soluciones *fintech* de Revolut o Wise han conseguido millones de clientes en muy poco tiempo. Tardaron solo 4 años en un mercado que parecía reservado a unos pocos. Aún con la pandemia frenándoles, han conseguido reunir en un único servicio no solo un medio de pago, sino también los servicios de cambio de divisa, compra de acciones, criptomoneda y pagos entre pares. Han pensado planetariamente desde el inicio y han conseguido una eficiencia de funcionamiento sin precedentes.

R4D, un restaurante de renombre mundial, capitaneado por Will Goldfarb, está situado en una ajetreada calle al norte de Ubud. Goldfarb es el chef de los postres por excelencia. Fue aprendiz con cocineros de gran renombre. Recorrió varios países y luchó por conseguir un puesto en El Bulli en 1999, cuando Ferran Adrià forjó su fama mundial como el cocinero más innovador del mundo. Goldfarb dirigió junto a otros socios uno de los restaurantes más famosos en Nueva York y, ahora, desde hace seis años, abrió su propio local de cocina mundial en Ubud. Es un cocinero que piensa planetariamente. Busca dejar una huella en la alta cocina con su pasión por los postres. Aunque esté ubicado en Ubud, sus comensales son de cualquier lugar del planeta.

Cuando me refiero a pensar planetariamente, me refiero a abrir nuestro campo de visión, pensar más allá del entorno al que estamos habituados. Si abres un restaurante en Barcelona, piensa en las decenas de nacionalidades que visitan anualmente la ciudad, con sus preferencias y gustos culinarios. Pregúntate si tu concepto de cocina tendría cabida en Uluwatu, la famosa zona surfera al sureste de Denpasar. Y si lo tiene, tu concepto tendrá mayor potencial de desarrollo.

Nuestra agencia tiene su ámbito de actuación principalmente en Barcelona. Nuestros clientes proceden del entorno geográfico más cercano. Podemos visitarles desplazándonos a pie o en coche, fácilmente. A priori, nuestro pensamiento estaba restringido a nuestro hábitat más inmediato y no habíamos considerado que las visitas telemáticas serían capaces de llegar hasta Indonesia.

No obstante, durante la pandemia, aprendimos que no importaba desde dónde trabajásemos. No todos vivimos en las inmediaciones de nuestra sede social y tras el confinamiento por la pandemia, aprendimos a relativizar la ubicación geográfica.

Conseguimos crecer y fortalecernos en plena pandemia. Nuestros clientes, forzados también a cambiar su precepción respecto a la ubicación física, no tuvieron más remedio que aceptar nuestras visitas virtuales. Y tras algunos meses, las reuniones telemáticas cambiaron de ser esporádicas a ser habituales, también con proveedores. Nos habíamos librado de desplazarnos cada día a la gran ciudad, de ir hacinados en el metro en las horas punta, de perder horas en desplazamientos que en realidad eran superfluos. La congestión de tráfico en ciudades como Barcelona, Madrid o Chicago, serían en gran medida evitables. Falta valor y sentido común.

Habíamos dado el primer paso a la globalización sin darnos cuenta. Nuestra competencia y también muchos de nuestros clientes, intentaban salvar sus costosas oficinas introduciendo jornadas presenciales alternas y haciendo marcha atrás cuando la pandemia amenazaba con nuevas variantes. En Medialog, en cambio, decidimos sortear el virus y emprender en el apasionante mundo del trabajo en remoto.

No todos nuestros empleados estaban convencidos, de hecho, tuvimos resistencias importantes sobre todo en profesionales muy acostumbrados al viejo modelo. La simple idea de no tener unas oficinas tradicionales les creaba angustia e inseguridad. Y es normal, los cambios no solo traen cosas positivas sino también retos y exigencias de adaptación. Los humanos tenemos tendencia a replicar lo que ya conocemos. El miedo a los cambios es algo muy profundo, casi incontrolable. Pero nos mantuvimos firmes y ya no hay vuelta atrás. Nuestros últimos fichajes los hemos hecho lejos de Barcelona.

Sabíamos que había que evaluar, testar, corregir y aprender de otras experiencias. Necesitábamos lograr estabilidad y orgullo de pertenencia estando en remoto. Al abrir nuestras mentes, al aceptar el reto de organizarnos diferente y encajar posibles pérdidas si las hubiera, descubrimos que nuestro equipo podía componerse de talento incluso de lugares lejanos. Ya no estamos obligados a incorporar profesionales de nuestro entorno. El mercado de candidatos para nosotros es ahora mucho más amplio. No exigimos ninguna cercanía física. Estamos empezando a entender que nuestro equipo puede proceder o vivir en cualquier lugar del mundo. Empezamos a pensar planetariamente en la gestión de recursos humanos.

Pensar en grande no significa que se tenga que montar un imperio como lo han hecho las grandes marcas mencionadas al principio. Pensar en soluciones planetarias significa abrir la mente a otras soluciones organizativas o productivas, cuestionarse el área de confort, mantenerse receptivo a los cambios e indagar en los beneficios que pueden aportar.

Estamos aún al principio de nuestra aventura planetaria en Medialog, pero ya podemos innovar en recursos humanos. De no haber tomado decisiones respecto al trabajo en remoto, de no habernos arriesgado a poner a prueba nuestra forma de organizarnos yéndonos a doce mil kilómetros de distancia, seguiríamos improvisando alrededor del viejo modelo. Las cosas solo ocurren si se empiezan.

17 PRECIO PERCIBIDO Y VALOR

Si el sumatorio de los valores percibidos no supera al precio, la venta no se produce. Tim Berry, Palo Alto Software

Se podrían escribir manuales sobre la fijación de precios. Hay modelos matemáticos para establecerlos y entender su influencia en la demanda. Lo mismo se podría hacer con el concepto valor en marketing. Podría escribirse una tesis doctoral.

Pero, el precio, no es solo un asunto de marketing. Para fijar un precio intervienen múltiples aspectos empresariales, muchos de los cuales se le escapan al marketing. El precio fijado para servicios y productos depende, entre otras muchas razones, del coste de producción y de las inversiones que se hayan acometido para crear el producto.

Muchos de los aspectos que afectan al precio son internos a la compañía, pero también hay otros muchos externos. Por mencionar alguno, el precio fijado por la competencia nos afecta. Pero no solo influyen los contrincantes directos, también cuentan los indirectos. No podemos olvidar, por ejemplo, el precio de productos o servicios sustitutivos. Pocas veces nos acordamos de esta eventualidad y es importante, porque nos puede hacer perder la venta fácilmente.

Si has montado un punto de venta de *poke*, el tradicional plato saludable hawaiano, podría pensarse que la competencia es el mundo de las ensaladas, el crudiveganismo o los platos preparados saludables. Pero, probablemente, tus compradores también coman pollo asado, huevos fritos con beicon e incluso, de vez en cuando, una hamburguesa con patatas fritas. El core target de los negocios suele representar un porcentaje pequeño de las ventas. Difícilmente se sobrevive solo con los más entusiasmados.

Los consumidores, aunque compren lo que necesitan, en el momento de decidirse contemplan no solo nuestra categoría, sino también servicios y productos sustitutivos. Además, si el precio representa una suma elevada y requiere un proceso de maduración, el riesgo de perder la operación por culpa de categorías sustitutivas es todavía más elevado.

Arte en Cappuccino del barista Adi del Restaurante Current, Nyuh Kuning, Ubud. Fuente: elaboración propia.

Tomemos el caso de un desayuno fuera de casa. Cuando decides hacerlo, si aún no has salido del hogar, existe una alternativa sustitutiva y es la de dejarlo para mañana. Las personas somos así. Igual teníamos muy claro salir a ese sitio que tanto nos gustaba, pero un imprevisto cualquiera, una llamada inesperada, una lavadora por tender o esos croissants congelados que de repente nos vienen a la mente, pueden echar a perder el plan inicial.

En la decisión de salir a desayunar no solo intervienen las ganas de hacerlo, sino también algunos frenos como el desembolso. Da igual que sea mucho o poco. Un desayuno no implica un proceso de maduración por su coste, aunque desayunar en Joe & The Juice cada mañana representaría un considerable esfuerzo económico. Dejarlo para otro día es una opción plausible. Si finalmente no salimos de casa, ganaría el fabricante de croissants congelados.

Los consumidores tenemos tendencia a reforzar nuestras decisiones con justificaciones. En psicología se conoce como disonancia cognitiva y se refiere al conflicto entre un comportamiento y una creencia. Como el café de mi casa en ningún sitio, no me habría dado tiempo, el otro día me cobraron muy caro, etc. son algunos de los razonamientos que necesitamos para justificar la decisión de no salir de casa y poner en armonía el comportamiento final con la idea inicial. El restaurador no piensa en estas fatalidades.

Si pudiésemos acompañar al potencial cliente durante el tiempo previo a la compra, incrementaríamos las probabilidades de éxito. Hoy en día, con la tecnología sería relativamente fácil hacerlo. Habría que añadir estímulos para reforzar la idea inicial, mostrando, por ejemplo, la apetitosa selección de frutas del día, el *porridge* recién preparado, la imagen de un cremoso cappuccino con un león dibujado en la densa espuma de leche por el barista.

Son ejemplos cotidianos, pero sería lo mismo en una agencia de medios. No podemos esperar a que el cliente entre por la puerta. Los que llegan a tocar el timbre, son muchísimos menos de los que podrían haber llegado. Los ausentes son los de la lavadora sin tender, los que han hecho tarde o los que simplemente han encontrado otra agencia por el camino que se ha preocupado para estar presente cuando buscaban una agencia.

Para atraer todos y cada uno de los potenciales clientes, necesitaríamos de unos productos y servicios excepcionales y únicos, que no tenemos, ni nosotros ni nadie. El iPhone solo lo vende Apple. Pero todos conocemos a alguien que, siendo muy defensor de la marca de la manzana, cambió de idea en el último momento y te muestra orgulloso su recién comprado Samsung Galaxy Z Flip4 5G.

Da igual lo que se venda. Puede tratarse del restaurante Bohemia de Ubud, del coworking Outpost Weligama de Sri Lanka o el último modelo de Huawei. No podemos acomodarnos y esperar a que nos compren. Quizá ofrezcas un irresistible súper *smoothie* de frutos rojos, chía y granola casera, pero eso no es suficiente para tener éxito todos los días. Tampoco solventa el problema un precio rebajado o una tarjeta de fidelización. La teoría de los clientes fieles, dicho sea de paso, es otra quimera[21] de la sabiduría popular.

El precio es una cifra compuesta de coste y margen comercial. Si se vende por debajo del coste, un fenómeno llamado *dumping* y considerado de competencia desleal, se suelen conseguir pedidos rápidamente. Los consumidores son muy sensibles al precio, porque son conscientes del coste de las cosas, especialmente de aquellas que desean. Son tan conocedores y avaros, que caen en fraudes como la reciente oferta de lavadoras, televisores o videoconsolas de grandes marcas a precios increíblemente bajos a través de setenta páginas en Internet[22]. El engaño consistía en no entregar nunca la mercancía. Los estafadores se aprovechaban de la sensibilidad al precio y los menos precavidos cayeron en la trampa pagando más caro que nunca.

En general queremos comprar lo más barato posible. No nos importa mucho el proceso de producción del vendedor, los salarios de sus empleados, el esfuerzo que supone ofrecer esos productos o servicios, o el daño que causan más allá de nuestro entorno. Los consumidores actuales no tenemos ese grado de responsabilidad de forma innata.

En nuestro sector, por ejemplo, es prácticamente imposible añadir un servicio de agencia. A los anunciantes no les agrada verlo en factura. Pero, obviamente, tiene que haber un ingreso para costear la operativa. Es de sentido común, pero mostrarlo no es vendible. Es un coste añadido del cual el comprador no percibe ningún beneficio.

Un día paseando por las tiendas de Ubud, vi una camiseta blanca con la inscripción *Nasi Goreng* en grandes letras. Me hizo sonreír. *Nasi goreng*

---

[21] Sharp, B., Anderson, K., Bennett, D., Bogomolova, S., Corkindale, D., Danenberg, N., ... Winchester, T., (2013). *Marketing: Theory, Evidence, Practice.* Sidney: Oxford University Press.
[22] https://www.interior.gob.es/opencms/es/detalle/articulo/Guardia-Civil-y-Mossos-dEsquadra-intervienen-alrededor-de-70-paginas-web-fraudulentas-de-venta-multiproducto-utilizadas-para-estafar-a-miles-de-personas/

es una de las comidas balinesas más populares. Se come por lo menos dos veces al día. El precio era notablemente más alto que las camisetas blancas de la tienda de al lado. Nos cuesta valorar una idea creativa, el guiño a una comida tradicional que de tanto comerla hasta la pasearíamos por la calle impresa en nuestra camiseta. No tenemos en cuenta el riesgo de estamparlo en una prenda y quizá no venderla nunca. Y si estuviese a precio de ganga, no pensaríamos en la calidad del algodón, no sospecharíamos de la incongruencia del precio, no pensaríamos en los salarios de la cadena de producción o las pesticidas utilizadas en la producción de algodón barato. El precio es una herramienta muy potente en la venta y, a la vez, muy crítico para darle continuidad al negocio y también a nuestra sociedad.

Mientras los compradores piensan comprar lo más barato posible, el empresario intenta posicionar el precio lo más ventajoso posible. ¿Cómo se determina ese nivel de encuentro?

Para explicarlo no hay mejor definición que la expresada por Tim Berry de Palo Alto Software[23]. Para aislar el valor de las cosas -dice este gurú- hay que restar del sumatorio de los valores percibidos el precio. Es un ejercicio mental de sumas y restas basado en los sentimientos, donde se substrae del total de valores percibidos el dinero desembolsado. El resultado será positivo o negativo.

Por ejemplo, una botella de Cutty Sark cuesta 10,95€ en Carrefour. Será cara o barata en función del resultado que se obtenga al restar el precio de los valores aportados por el producto. Acabaré comprando si la suma de valores supera el precio de la botella. Los valores son el prestigio de la marca, el sabor, el diseño de la botella, la opinión de los demás ofreciendo Cutty Sark, la identificación con la publicidad, la historia del producto, la calidad y sabor percibidos de sus ingredientes, la confianza en el fabricante y, por supuesto, el punto de venta. Para cada uno de los compradores los pesos son ligeramente distintos, pero la operación mental es la misma.

Si el resultado de la operación es superior a cero, la compra se produce, porque los valores percibidos son superiores al precio pagado por la botella. Lo mismo ocurre con el *Super Berry Bowl* del Bohemia. Volveré ahí si el conjunto de los valores obtenidos, el sabor, la

---

[23] https://timberry.com/

amabilidad de los empleados, la celeridad en el servicio, el local, la ubicación, etc., superan el desembolso y esfuerzo requerido.

Por lo tanto, cuando fijemos el precio hay que reflexionar sobre la experiencia del comprador. No basta sumar simplemente el precio de los ingredientes y añadirle un margen comercial. Si el precio no se ajusta, quizá tengamos que añadir o quitar ingredientes, sean estos del bol o del envoltorio. Deberíamos fijar el precio en función de la experiencia y valoración del consumidor.

Obviamente, los responsables de fijación de precios en un Carrefour no se hacen todas estas reflexiones. Con la cantidad de productos que venden sería inviable, pero la construcción de precios incluso en un centro comercial se ha ido conformando con estas operaciones. En muchos negocios es un proceso empírico de prueba y error.

No siempre la variación del precio tiene que ser a la baja para incrementar las ventas. Recuerdo un caso de un analgésico de un conocido laboratorio farmacéutico que logró un espectacular incremento de ventas subiendo el precio. No hubo ninguna reformulación del principio activo ni cambios en el *packaging* para justificar el incremento. Simplemente se recordó a los farmacéuticos la efectividad del producto y la nueva política de precios, añadiendo una mejora del margen para los clientes. Al venderse más caro pudieron incrementar los retornos a las farmacias. Fue un éxito de campaña.

Alcanzado un nivel de madurez en el negocio, la fijación de precios se hace menos flexible y más industrializada. El esfuerzo negociador ya no se centra tanto en la venta como en la compra. Ya no se intenta conseguir margen ajustando los precios ligeramente por debajo de los valores percibidos por los clientes, sino consiguiendo un precio de compra que haga crecer el margen por abajo. Los negocios cuya distribución depende de la gran superficie, son conscientes de la despiadada negociación de los jefes de compra.

Cuando se emprende, conviene buscarse una distribución directa al comprador final para poder actuar sobre el precio. En nuestra agencia intentamos evitar la venta a otros intermediarios. Nuestro objetivo es llegar al anunciante final, porque solo así conseguiremos defender mejor nuestras propuestas y convencer al responsable de marketing del valor aportado.

18 CUÁNTO NECESITO PARA ARRANCAR

Tener ganas de emprender y no tener ni un euro es una realidad más que probable. Aun así, empezar es posible.

Nuestra empresa lleva seis años en el mercado y da empleo directo actualmente a catorce profesionales. Nuestra facturación ha superado el umbral para ser considerada gran empresa a efectos fiscales y nuestro flujo de caja se sitúa en un nivel que nos permite autofinanciarnos. Nunca hemos cerrado un ejercicio fiscal en negativo, ni siquiera el primer año. Incluso el año de la pandemia lo cerramos con crecimiento. El gráfico publicado por El Economista corrobora nuestra evolución, años de la pandemia incluidos:

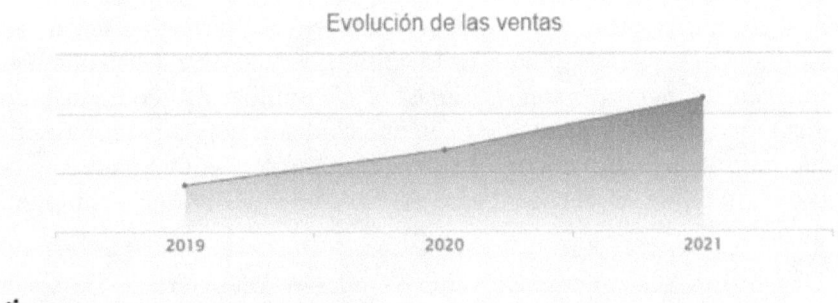

Evolución de la facturación de nuestra agencia según Empresite España, 2022. Fuente: https://empresite.eleconomista.es/MEDIALOG-COMMUNICATIONS.html. Medialog tiene 14 empleados directos en la actualidad.

Si acabas de empezar, te parecerá fácil hablar desde la posición de estos números. Pero no lo fue ni al inicio ni en marzo del año dos mil veinte, cuando el Gobierno nos mandó todos a casa por el estallido de la pandemia.

Nuestra agencia empezó con una inversión inicial de veinte mil euros. Recuerdo el momento cuando los socios transferimos esa cantidad a la cuenta de la empresa. Era un dinero considerable para una economía personal. Podría haber comprado una moto nueva o invitar a mi familia a un agradable viaje. También podría haber guardado ese dinero a buen recaudo por si venían malos tiempos.

Es muy probable que unos miles de euros sean una cantidad imposible de asumir, y menos de arriesgar, en un determinado momento de la economía personal. Ahorrar es muy difícil, especialmente en países donde el salario apenas cubre las necesidades básicas.

En España hay unos gastos asociados a la constitución de empresa que son inevitables. Nosotros optamos por una sociedad limitada y esta figura obliga a depositar tres mil euros antes de empezar. De los veinte mil ya solo quedaban diecisiete mil.

Una alternativa para no incurrir en gastos inmediatamente es arrancar la idea sin constituir todavía. En función de la legislación del país en el que emprendas, puedes sacar facturas personales hasta una determinada cantidad. Especialmente en servicios conviene reflexionar si hace falta constituir empresa enseguida.

A los clientes no les preocupa si tu empresa tiene entidad legal, al menos al inicio. Por ejemplo, podrías tener presencia digital sin constituir aún empresa. Nadie te lo impide, ni siquiera Hacienda. No estarías engañando a nadie. Usarías la denominación comercial del negocio, que no necesariamente tiene que coincidir con la denominación social definitiva. Haz prospecciones comerciales con tu idea y si consigues un primer cliente, hazte autónomo y así podrás empezar a facturar.

Una buena herramienta de venta es hacerse unas tarjetas de visita. Añaden credibilidad y te darán seguridad. Gástate veinte euros en imprimirlas profesionalmente y no pongas dirección. Si tu idea prospera, cambiaras varias veces de ubicación y así, las tarjetas te servirán igual. Las empresas modernas no lo especifican ni siendo grandes; están en todas partes. Basta tu nombre, un teléfono y correo electrónico. Con esto hay más que suficiente. De momento, tu empresa son las tarjetas y la página de Internet.

En nuestro caso tardamos casi seis meses en constituir la agencia y no fue hasta los doce que arrancamos fiscalmente la actividad económica. Mientras tanto, nos centramos en lo importante: buscar clientes sin meternos en gastos.

Es muchísimo más importante disponer de tiempo para redactar y negociar un bueno pacto de socios que adelantarte con formalidades legales y fiscales de una empresa que aún no tiene ingresos.

Un pacto de socios está por encima de las escrituras de constitución y su firma es independiente de la constitución. Nosotros no solo lo redactamos concienzudamente, sino que invertimos un dinero en un buen despacho de abogados y en un notario para darle la máxima efectividad legal. Probablemente seamos una de las pocas agencias con un pacto de socios tan completo y detallado, pero eso añade seguridad a los socios y ahora también a los empleados de nuestra agencia. Las cosas hay que pactarlas cuando aún no hay ni ingresos ni gastos, y no cuando facturas diez millones de euros.

Cuando en verano del año dos mil dieciséis constituimos la empresa ante notario, pudimos abrir una cuenta bancaria a nombre de la agencia y depositar no solo el capital de constitución, sino también el resto de las aportaciones. Con la constitución pudimos registrar formalmente nuestro nombre comercial, el logo y el dominio para España. Y con el dominio nos metimos también en programar nuestra primera presencia digital.

Todo se hace una montaña, porque todo cuesta dinero y no tiene retorno a corto plazo. Nuestros fondos iban reduciéndose rápidamente, porque en el momento que se constituye y se empieza a operar, el flujo de gastos es constante. Recuerdo que nuestro primer *forecast* apenas nos daba doce meses de vida con la pérdida más que asegurada de nuestras aportaciones. Y eso que no teníamos salarios, no teníamos oficinas y no invertíamos en absolutamente nada que no fuese absolutamente imprescindible. Es un momento crítico en la vida de una empresa, porque aún no hay un flujo de ingresos recurrente. Es el momento apnea del emprendimiento y no dura poco tiempo. Prepara tus pulmones.

Aplica la disciplina de gastos más restrictiva que jamás hayas conocido ni con los financieros más canallas durante tu carrera profesional. Al iniciar una empresa propia entenderás rápidamente porque siempre recibías una negativa al proponer un gasto. Una pantalla nueva, no; un teclado externo, no; una renovación de la oficina, por supuesto que no. Gastar es sumamente fácil. El objetivo es que el saldo resista el máximo tiempo posible. Debes aplicar una economía de mínimos como nunca lo habías conocido. Ante preguntas sobre cualquier gasto solo existe una respuesta: ¡no!

Marc, un chef y propietario de uno de mis restaurantes preferidos en Barcelona, resistió apertura y pandemia como nosotros. Marc me revelaba su política de compras. Cuando necesitaba maquinaria de cocina, algo imprescindible en un negocio como la restauración, compraba a los que habían invertido antes de tener ingresos. La inversión inicial, aunque necesaria, debe ser acorde al volumen de negocio. Si el volumen es cero, la inversión debería ser cero. No tiene sentido comprarte una nevera industrial nueva para un restaurante que aún no sirve comidas. No se puede empezar la casa por el tejado. Búscate un local que ya lo tenga o cómprala de segunda, tercera o cuarta mano. No tendrás más clientes por tener una nevera nueva. Marc las conseguía semi nuevas, porque la parte vendedora ya no podían hacer frente a las cuotas.

El dinero necesario para arrancar un negocio se calcula en realidad sumando qué necesitas tú para resistir una travesía del desierto de al menos doce meses. Reduce tus gastos a lo mínimo. Prepárate para la pobreza, vive con lo mínimo, no inviertas, no gastes. Yo me quité de todos los gastos que pude. Incluso vendí una pequeña embarcación que tantos momentos felices me había proporcionado. Guardé lo obtenido para hacer frente a gastos más importantes si nuestra agencia no hubiese progresado.

La cuestión es estirar la inversión inicial el máximo tiempo posible. No te endeudes. No compres a crédito. No te comprometas contractualmente con acreedores que no puedas rescindir cuando lo necesites.

Nuestro primer ingreso vino a los doce meses. Como trabajamos en publicidad, afortunadamente la cantidad era considerable. Conseguimos duplicar nuestro capital inicial e inmortalizamos ese momento con una placa conmemorativa en la que figuran las cinco cifras en grandes números de madera.

Al cabo de un año y medio, con un flujo de ingresos ya más constante, devolvimos a los socios la aportación inicial, excepto el capital social claro. Medialog estaba a flote a los dieciocho meses de su constitución y ahora, seis años más tarde, cada vez que nos conectamos al *dashboard* de nuestro sistema de facturación, nos sentimos muy orgullosos. Habíamos creado de la nada una empresa con catorce puestos de trabajo directos y unos cuantos más de indirectos, con una tesorería sonriente y unos resultados que nos permiten autofinanciarnos.

Probablemente tuvimos suerte, pero fuimos y seguimos siendo extremadamente cautos, ahorradores y financieramente muy conservadores. La aprobación de gastos se produce a regañadientes. Entendemos como nunca a los directores financieros del pasado. Eran la antítesis a las necesidades comerciales, pero tenían razón. Sin rigor, sin precaución, sin perseverancia, Medialog tampoco sería lo que hoy en día es. Tenemos una empresa y tenemos, por ahora, salud financiera. Y dado que el futuro es imprevisible, seguimos ahorrando para hacer frente a nuevos imprevistos.

19 CÓMO TENER UN HOTEL SIN INVERTIR

Un negocio consiste en hacer ingresos, no en almacenar propiedades. BlaBlaCar pertenece a la industria del viaje, cuenta con dos millones de usuarios mensuales y no tiene ni un solo vehículo.

Este tipo de emprendimientos se merece unas líneas aparte. Vamos a hablar claro, en hostelería, quien mejor se lo ha montado es Booking. Aunque a mi modo de ver el *front end* de esta aplicación planetaria no es muy armónico, Booking es el hotelero más listo de todos. No ha tenido que comprar ningún terreno, no ha tenido que endeudarse para construir los edificios, no sufre retrasos en las reformas, no se preocupa de cambiar las sábanas ni de limpiar los baños.

Booking ha entendido mejor que nadie cuál es el *quid* de este negocio. Booking tiene miles de hoteles tipo boutique y también todos los demás, grandes y pequeños. Lo han hecho sin desembolsar ni un euro en construirlos.

La tarea más limpia y de menor riesgo en un sector suele ser la comercial. Traer clientes y cobrar una comisión por ello es una idea comercial magnífica. Además, gestionando el pago, el riesgo de insolvencia es prácticamente cero. VRBO, por ejemplo, cobra la cantidad total del alquiler antes de prestar el servicio. No tienen que perseguir a nadie para asegurarse el cobro de la comisión.

En vez de montar un hotel con encanto, quizá sería más prudente y rentable crear una página web para reservar "hoteles con encanto". Por cada venta que hagas, cóbrales una comisión de éxito.

Si todo el mundo pensara así, obviamente no habría hoteles ni restaurantes. Pero, piénsalo. Arrancar una aventura así, con la inversión que requiere y el fastidio de gestionar valoraciones injustas es una apuesta casi de ruleta. Quien se decide por invertir en la construcción de un hotel con encanto lo hace por pasión y no por motivos empresariales. Tardarás muchos años en recuperar la inversión inicial si es que alguna vez lo consigues.

Un hotel con encanto no es un negocio para hacer dinero, sino para sentirte orgulloso del inmueble o para estar tranquilo de haber invertido tus ahorros en cemento en lugar de arriesgarlos en un banco que podría también quebrar. Si has invertido en algo así es porque crees que el beneficio antes de intereses, amortizaciones e impuestos[24] es un indicador de rentabilidad real, cuando en realidad refleja el beneficio bruto. Hay negocios con un resultado magnífico, pero que nunca dan dividendos porque las deudas acumuladas no lo permiten. El hotel con encanto es algo similar. Sin descontar lo que te ha costado construirlo, es posible que pudiera dar beneficios.

Una alternativa en hostelería es empezar con unas cabañas de madera y techos de bambú. Pienso, por ejemplo, en el Puri Sadewa Palangan en Jimbaran, Bali. Si lo buscas en Booking, verás que hay cinco cabañas y un pequeño jardín con flores y plantas tropicales. Reservé ahí una noche tras pasar la anterior en un magnífico hotel con encanto en la misma zona. No había comparación, pero en ambos dormí muy feliz. Ambos tenían una ocupación casi al completo, no faltaban turistas, pero el coste de arranque para uno y otro sería muy distinto.

Por la mañana, en ambos sitios me levanté más temprano que el resto de los huéspedes y estuve nadando solo en sus respectivas piscinas. Mientras en el primero me vinieron a saludar unos simpáticos cachorros procedentes del vecino, en el segundo, una enorme hoja de un árbol tropical cayó al agua con notable estruendo para recordarme que el peligro viene siempre de arriba, como la espada de Damocles. Los dos alojamientos tenían encanto. El primero por su diseño, el segundo por su sencillez. Si el motivo del emprendimiento era de tipo lucrativo, intuyo que el Puri Sadewa logrará antes sus objetivos.

---

[24] Técnicamente sería el Ebitda, un indicador de viabilidad, no de rentabilidad.

Fern Forest Café de Chiang Mai (Tailandia) durante las obras de renovación de la casa familiar. Una historia de tres generaciones que precede la carta de menú. Fuente: carta de menú de Fern Forest Café.

Un negocio de verdad debe conseguir un equilibrio entre inversión inicial, gastos recurrentes e ingresos. Por lo tanto, para arrancar con más probabilidad de éxito económico, cuanto menos inviertas, más probable será. Sírvete de arquitectura efímera, añade una historia como el Fern Forest Café de Chiang Mai, aplica la creatividad para ilusionar a tus huéspedes. Pero no inviertas mucho dinero, solo lo estrictamente imprescindible. Cuando las cabañas estén pagadas, ya decidirás si las renuevas, las mejoras o arrancas un segundo proyecto con cabañas de más categoría. Los negocios sólidos se construyen poco a poco, con los pies en el suelo, sin estridencias, sin pretender ser lo que aún no son.

20 SABER FACTURAR Y CONTROLAR LA CAJA

Probablemente este sea el capítulo más importante, aunque también el más aburrido. Si no lo lees, luego no te lamentes. Recuerda: "No diguis blat fins que no sigui al sac i ben lligat".[25]

¿Quién no se ha hospedado en un hotel o almorzado en un restaurante y ha visto, a la hora de revisar la factura, que hay ítems que no corresponden o incluso faltan? Saber facturar es el abecé de los negocios. Sin controlarlo muy de cerca, sin vigilar los procesos, sin tener claro lo que se compra y lo que se vende, todo se va al garete.

Nosotros tardamos cuatro años en establecer un proceso de facturación sencillo y robusto. Saber facturar no debe convertirse en una pesadilla para los empleados. El control por el control añade ineficiencia, inseguridad y ralentización. Saber facturar y controlar la caja significa asegurarse que todo lo que se compra y se vende se haya registrado.

No puedo asegurar al cien por cien que no se nos hayan escapado cosas a lo largo de los últimos seis años, muy probablemente. Pero, se lo ponemos difícil a clientes y proveedores.

Lo que no se factura, en la jerga contable se denomina diferencias administrativas. Suena muy técnico, pero son en realidad descuidos, olvidos fruto de procesos poco robustos o defectuosos. A lo largo de mi carrera profesional he visto diferencias administrativas que claman al cielo. A veces son tan abultadas y aparentemente increíbles, que por

---

[25] Útil refrán popular catalán que traducido significa: No digas trigo hasta que lo tengas en el saco y bien atado. Es decir, los ingresos solo existen una vez cobrados.

deferencia y juego limpio uno se siente en la obligación de avisar al despistado.

Olvidarse de facturar no es algo infrecuente y pocas veces el comprador te alerta. Para evitarlo, la regla es apuntar cualquier potencial salida o entrada de género de la empresa. Digo potencial porque no basta con registrar solo facturas recibidas y emitidas, sino deben meterse también pedidos y presupuestos.

En mi carrera profesional he pasado por muchos departamentos y procesos administrativos. He conocido múltiples softwares de facturación y en general solían ser muy complicados y lentos. Tampoco soy un experto en contabilidad, aunque tenemos personal interno y externo con sólidos conocimientos financieros dada la dimensión de nuestra empresa. Ahora bien, entiendo de bases de datos, de tablas relacionales, de consultas, formularios e informes. Creo que puedo aportar alguna recomendación en esta área. Si todo esto te suena a chino y emprendes, intenta entenderlo. Tener una buena idea de negocio, conseguir clientes, comprar bien y saber gestionar personas y procesos es fundamental, pero entender un poco de los entresijos administrativos es muy recomendable.

Programar un sistema robusto no debe ser nada fácil y las empresas difícilmente hacen un borrón y cuenta nueva cuando saben que sus procesos administrativos no son óptimos. Habría que hacerlo, por mucho esfuerzo que suponga, porque tener un proceso de facturación depurado contribuye a la sostenibilidad del negocio. Recomiendo prestarle mucha atención, también al proceso seguido por los empleados encargados de estas labores. Conviene invertir horas para mejorarlo y, en lo posible, simplificarlo.

En cualquier empresa hay dos lados en el proceso de facturación: el de compra y el de venta. La compra puede ser más o menos voluminosa en función de la actividad desarrollada, aunque todas las empresas compran cosas. Las compras explican las salidas de dinero y la venta las entradas. Todo lo que se venda debe asociarse forzosamente a una factura de venta, en jerga financiera, a facturas emitidas. Y todo lo que se compra, en cambio, debe asociarse a una factura de compra. Estas son las facturas recibidas.

Aun con años de experiencia a mis espaldas, me costó entender este concepto. No entendía cómo un sistema de facturación podía utilizar la misma estructura de tablas tanto para las facturas emitidas como para las recibidas. Pero tiene lógica. Da igual que vendas arte, sesiones de yoga, creatividades publicitarias o habitaciones de hoteles, en realidad vendes un artículo, unas unidades y un total monetario que resulta de multiplicar las unidades por su precio unitario.

En el lado ventas, un presupuesto es como una prefactura, contiene exactamente la información que luego debe constar en la factura al cliente. Por eso, los presupuestos se pueden convertir en facturas con un clic.

Lo mismo ocurre en el lado compras. Un pedido es en realidad un reflejo de la factura que vayamos a recibir. El proveedor debe incluir en su factura los ítems que hayamos solicitado. Por eso, en los programas de facturación tiene toda la lógica que se pueda convertir un pedido en una factura recibida. Ese proceso, especialmente en el lado compra, ahorra un enorme trabajo. Si la factura recibida coincide, podemos convertir el pedido en una factura con un simple clic.

Es extremadamente importante facturar todo lo que se venda. Una forma de no olvidarlo es trabajar con presupuestos, incluso si el cliente no nos lo pide. Es como en restauración. Si un cliente pide un postre y se introduce enseguida en un sistema de facturación[26], es muy difícil olvidarse de facturar platos. Y si durante el almuerzo el cliente añade cosas y también lo añadimos inmediatamente al presupuesto, a la hora de solicitarnos la cuenta, daremos un clic y convertimos el presupuesto en una factura simplificada de venta.

Optimizar los procesos administrativos fortalece una empresa. Nuestro método de trazabilidad entre compras y ventas es extremadamente sencillo. De hecho, lo conseguimos con dos campos. Tardamos años en elucubrar el proceso y cuando informamos a nuestro proveedor del programa facturación cómo lo habíamos resuelto, estaban tan sorprendidos que nos entrevistaron en su blog[27]. No se habían planteado utilizar su desarrollo de la forma que lo hacíamos.

Saber facturar es un reto importante y hacerlo a tiempo, crucial. Muchos de nuestros proveedores nos siguen ganando en celeridad de envío de facturas. Superan en diez días nuestra capacidad de emisión de

---

[26] Véase, por ejemplo, https://loyverse.com/ para restauración o https://squareup.com/ para éstos y otros muchos comercios.
[27] https://www.anfix.com/blog/entrevista-Medialog

facturas a clientes. La consecuencia del desfase es que cuando se acerca el final de mes, nuestros indicadores de rentabilidad se hunden rápidamente. Al ser más eficientes registrando facturas entrantes que salientes, pasamos de ganar dinero a perder rápidamente. Un sistema de contabilidad suma las facturas que encuentra y como halla más recibidas que emitidas, debemos más dinero a los proveedores de lo que nos deben los clientes a nosotros. Aunque es un desfase técnico temporal, cuando los KPI's del *dashboard* del programa de facturación muestran resultados negativos, siempre me altero.

Al ser intermediarios, nuestro equipo prioriza la conciliación en compras para así facturar correctamente al cliente. Si pudiésemos conciliar más rápidamente, sacaríamos antes nuestras facturas de venta. Es una pérdida técnica e irreal, pero no deja de inquietar cuando lo ves. Muchos de nuestros proveedores más antiguos tienen una magnífica habilidad en sacar sus facturas. Conviene dedicarle tiempo y ver si no podríamos mejorar nuestros procesos de conciliación. En alguna multinacional llegaron a la conclusión de emitir las facturas a clientes sin comprobarlas. Obviamente ganaron mucho tiempo, pero también muchas quejas. Además, algunos grandes anunciantes no admiten facturas rectificativas.

Acortar el tiempo de emisión de facturas es crítico para la tesorería. Presta mucha atención al proceso de venta. Los proveedores ya se preocuparán del suyo. Vigila que las compras no superen a las ventas y busca soluciones a la trazabilidad. Saca las facturas tan pronto como puedas. Cuanto más rápido factures, antes cobrarás y menos dinero hará falta para el flujo de caja. Lo ideal sería que el cobro de facturas emitidas sea el músculo monetario de tu tesorería y no tengas que utilizar reservas o pólizas de crédito para hacer frente a los pagos a proveedores.

Por último, dedica alguna persona de tu empresa a vigilar el cobro de las facturas. No basta con solo emitirlas y enviarlas. Es muy importante cobrarlas. Pon un vigilante en tu caja y espolea a los contables de la parte contraria para que paguen y salden sus deudas.

21 LA CUENTA DE RESULTADOS DEBE SONREÍR

Construye sobre tus fortalezas, no sobre tus debilidades.
Cristóbal Colón, La Fageda.

Cristóbal Colón, no el navegante y colonizador, sino el fundador de La Fageda, solía organizar unas jornadas de un día para emprendedores interesados en su modelo de negocio. Cuando asistí, un año antes de mi salida de la multinacional, coincidí en una de las jornadas con varios emprendedores de diferentes lugares de España. Me apunté porque estaba muy desesperado laboralmente, no le veía el sentido al trabajo y necesitaba ver otras formas de hacer empresa.

Todos estábamos interesados en conocer el proyecto de La Fageda, una empresa fabricante de yogures y productos alimenticios de elevada calidad. Gracias a su modelo de negocio, había conseguido que en la comarca de la Garrotxa no hubiese ninguna persona con discapacidad intelectual y trastorno mental severo sin trabajo. El éxito del modelo no solo había conseguido una sólida posición en el mercado, sino que beneficiaba a toda una comarca.

Cristóbal Colón contó la anécdota de un alto directivo de Danone, la multinacional que vende hasta en el centro comercial Maya de Chiang Mai en Tailandia y que es un líder en productos lácteos.

—Cuando nos visitaba —dijo Colón— me confesaba que le hubiera gustado tener una empresa como La Fageda. Las empresas con sentido tienen un atractivo muy especial, incluso si es un competidor.

Colón nos dijo que debemos construir sobre nuestras fortalezas y no sobre nuestras debilidades. Al contrario de lo que se pudiera pensar, La

Fageda no aprovechaba su proyecto humanitario para influir emocionalmente en sus consumidores. No lo comunican masivamente. En cambio, sí aprovechan del modelo de negocio y su emplazamiento, situado en un parque natural de una pureza extrema, para atraer talento. La ubicación les permite no solo crear un ambiente de trabajo excepcional, sino ilusionar profesionales que valoran además del salario, el propósito de La Fageda. Y la misma excelencia ofrecida a su colectivo, lo aplican también en la fabricación de los productos. Los yogures de La Fageda son organolépticamente mejores.

Cristóbal Colón nos recibió en la entrada principal del complejo para darnos la bienvenida. Mientras introducía la jornada, se acercó una de las empleadas, una mujer veterana, bajita, de pelo oscuro y cara redonda, muy sonriente, jovial y con evidente deficiencia cognitiva. Nos daba los buenos días como si nos conociera de toda la vida. Colón la presentó como una de las usuarias más antiguas de La Fageda y ella sonrió orgullosa. Todos le saludamos mientras emprendía su camino hacia uno de los talleres.

Cuando ya estaba lejos, el fundador de La Fageda nos aclaró que la habían recogido hace muchos años. Su historia se remonta a los años de la postguerra española, cuando era muy pequeña y su familia la abandonó en un bosque porque sufría un serio trastorno mental. Todos nos quedamos mudos y emocionalmente perturbados. Comprendimos en un instante su intenso agradecimiento por estar en una familia, por sentirse querida e importante. Ella estaba orgullosa, sonriente y alegre en un proyecto lleno de sentido.

Cuando se reguló la producción de leche en la Comunidad Europea, La Fageda tenía su propia ganadería de vacas lecheras. De un día al otro, el modelo inicial se vio en peligro y para solventarlo, en lugar de producir leche, decidieron procesarla. Buscaron los profesionales más expertos para producir los mejores yogures y así nació lo que hoy se conoce como uno de los productos fermentados mejor valorados del mercado.

La Fageda se encuentra en los establecimientos más selectos, incluso en grandes superficies que se ven obligadas a completar los grandes lineales de Danone y Nestlé con los característicos packs de la Fageda. El diseño de los productos de la Fageda también contó en sus inicios con uno de los diseñadores publicitarios más célebres del momento: Marçal Moliné.

La Fageda es una cooperativa que no busca el enriquecimiento de sus fundadores, sino el fortalecimiento del proyecto social y empresarial. Es una iniciativa pionera hecha realidad y sin precedentes. Ha llamado la atención de los mejores medios de comunicación del mundo. La Fageda apostó por un modelo con sentido, más allá de lo puramente empresarial, y se mantiene a flote porque se apoya en sus fortalezas. Un yogur de la Fageda se puede vender más caro que Danone porque el valor percibido es superior.

Me parecía increíble que pudiesen resistir con este modelo, sobre todo para atraer profesionales bien remunerados de empresas como Danone u otros del mundo de la alimentación. No pude resistir a formularle la pregunta.

—¿Cómo podéis atraer a un director comercial de una multinacional, con el salario que debe tener? —le pregunté al fundador.

Me miró fijamente y me contestó:

—No te equivoques, incluso en una cooperativa como la nuestra la cuenta de resultados debe sonreír. La Fageda tiene capacidad de lanzar una oferta competitiva para un puesto directivo. Los salarios —prosiguió Colón— se componen de dos elementos: una remuneración dineraria y otra emocional. Hay que construir sobre las fortalezas —continuó—. Un trabajo con sentido interesa incluso a los profesionales mejor preparados. Una cosa es montar un proyecto social, otra muy distinta es no hacer dinero —nos aclaró su fundador.

La Fageda no produce para vender barato, porque sus costes operativos y de ayuda social son elevados. Y para que los compradores perciban ese valor, en lugar de enternecerles con su magnífica y loable propósito social, les ofrece un producto de máxima calidad.

Si alguna vez desayunas en un buffet libre y ves que hay yogures La Fageda, fíjate lo rápido que desaparecen de las bandejas. Los consumidores conocen su valor. La Fageda es un producto apreciado por sus cualidades intrínsecas, en un mercado -el español- donde no hay una competencia muy amplia en la experiencia organoléptica de un buen yogur. Esto les permite comercializarlo a un precio más elevado y obtener así excedentes. Luego, esas ganancias se reinvierten en la misión de La Fageda, así como en el desarrollo de nuevos productos.

Quizá tu proyecto no sea tan ambicioso y comprometido como La Fageda, pero conviene aprender de estos casos. Construir sobre las fortalezas y no sobre las debilidades, y procurar que la cuenta de resultados sonría, son dos claves de éxito fundamentales.

22 FORECAST

Avanzar en la incertidumbre es el día a día en una empresa.

Mientras escribía estas líneas, faltaba un día para el fin de semana. Me había propuesto seguir explorando la isla de Bali y a la pregunta adónde iba, le seguía otra de inmediato: ¿qué tiempo hará? Consultar el tiempo un jueves para saber si hará sol durante el fin de semana es un ejercicio de *forecast*, en este caso, de tipo meteorológico.

Hacía la predicción para valorar si me valía la pena la excursión y si podía sacar provecho del gasto que comportaba. Si veía probabilidades de lluvia, algo muy habitual en Indonesia, buscaba segundas y terceras predicciones. Si todos indicaban lluvias intensas cambiaba de planes y si no había unanimidad entre los modelos de predicción me arriesgaba a salir.

El *forecast* es un ejercicio de predicción sobre lo que puede pasar. Nos sirve para salir con o sin chubasquero. Un *forecast* en una empresa es como una previsión meteorológica: sol significaría posibles ingresos y lluvia posibles pérdidas. Si en una empresa se prevé mal tiempo, conviene sacar el chubasquero y, si se prevé tormenta, tener a mano el ancla de capa. Hay que prepararse para resistir el temporal si las circunstancias nos obligan. Si se prevé aún más violento, cierra escotillas y tambuchos, no dejes que entre nadie y aguanta con paciencia.

Hace algunos años, estando al frente de una multinacional en Barcelona, tuve que enfrentarme a un moroso de cientos de miles de euros. No me caía mal, tenía personalidad y creo que la simpatía era mutua. Estuve trabajando en la relación de confianza durante tiempo, porque mi objetivo era recuperar aquella deuda. En una de las reuniones, me explicó su travesía en solitario de Barcelona a Nueva York. Hubo dos momentos críticos en su viaje que le marcaron para siempre. La primera, una tormenta muy violenta. La vio venir y se preparó para sobrevivirla. Fue tan fuerte y bruta, que se ató al palo mayor. Cerró escotillas y tambuchos como manda el manual, pero no se arriesgó a pasar la tormenta encerrándose en la cabina. Subió a cubierta y se fijó al mástil. Cuando me lo explicaba, pensé en la deuda y entendí que me costaría cobrarla.

La segunda vivencia en su travesía, ya cerca de Nueva York y en plena noche sin luna, vio dos cargueros aparentemente a la deriva. No le gustó la escena, apagó las luces de navegación y observó con cautela. Trasladaban mercancía de un barco a otro, probablemente contrabando o directamente robo de material entre capitanes sin remordimientos. Sintió la misma vulnerabilidad como durante la tormenta. Sabía que, si le descubrían, podrían hundirle; nadie le encontraría jamás. No había costa cercana a la vista. Sin hacer ningún ruido, se alejó sigilosamente de aquella situación. El atisbo de esperanza que me quedaba por recuperar la deuda se esfumó como su velero durante aquella noche frente a la costa norteamericana.

Cogí el teléfono y llamé a nuestro director financiero. Le pedí autorización para dar por perdida la mitad de la deuda y que me autorizara a condonársela a cambio de cobrar al momento la otra mitad. Funcionó. Recuperamos la mitad de una deuda que, a diferencia de aquella tormenta y el contrabando entre cargueros, no revestía ningún peligro vital para él. Vigila con los empresarios aventureros. Son valientes y priorizan su salvación. Una vez habíamos cobrado, compré una botella de champán y se la regalé en agradecimiento por el trato. No sé si sufrí el síndrome de Estocolmo, pero le había cogido estima. Él me ofrendó con su libro de la travesía.

El *forecast*, como toda previsión, es una hipótesis de trabajo, una estimación sobre cómo irán las cosas. En la ecuación, la variable estocástica son las ventas. Estocástico significa que se rige por el azar. En cambio, los gastos son perfectamente previsibles, son determinísticos; no se alteran por el azar. Nos guste o no, los gastos son una constante en una empresa.

La función del *forecast* es estimar si los ingresos futuros serán capaces de soportar los inevitables gastos. La cuenta de resultados sonreirá o no en consecuencia. No hay ninguna seguridad en ello, pero estimarlo es muy importante.

Mi experiencia me ha enseñado que, para no acabar peor de lo previsto, es importante no incluir en el *forecast* posibles nuevos negocios o ingresos excepcionales de clientes existentes. Hay que contar con lo que se tiene y si prevemos la pérdida de producción de algún cliente, incluirla como si se hubiera dado. Ante la mínima sospecha, plasma siempre el peor escenario.

Otra máxima del *forecast* es que el ingreso por cliente no suele mejorar. Al contrario, la tendencia suele ser al revés. Conforme se crece con un cliente, el margen se reduce. Crecer en una empresa implica ofrecer unas condiciones de comercialización más agresivas y, por lo tanto, de menor margen. Se puede estimar crecimiento en facturación, pero no en margen relativo. Porcentualmente, el margen decrece conforme se aumentan las ventas.

Los gastos, en cambio, son constantes, especialmente los de personal. Nunca se reducen. Los gastos son insensibles a los temporales, se mantienen constantes y afectan decisivamente a la cuenta de resultados. Además, siempre conviene incluir un imprevisto, porque también los hay. Murphy existe. Si algo puede salir mal, lo más probable es que salga peor. Uno no puede ser lo suficientemente precavido elaborando un *forecast*.

Estas reglas sirven sobre todo para una empresa propia. No apliques estas pautas en una multinacional, de lo contrario reducirán la plantilla o directamente te despedirán. En las grandes empresas, especialmente las cotizadas, debes encontrar un equilibrio entre las promesas y el resultado final. Si no muestras optimismo, te fijarán unos objetivos imposibles. Y si no cumples la previsión, el riesgo de salir despedido se multiplica.

Conseguí superar varios decenios con este equilibrismo. Además, me ha servido para elaborar *forecasts* más realistas. La regla es: las cosas no son nunca como te las imaginas. Teniendo clara esta máxima, estima las ventas con cautela. Nunca avances gastos a los ingresos. Las salidas de dinero solo se deben aprobar una vez hayamos comprobado los cobros. El champán del navegante moroso lo compré una vez constatamos el ingreso en cuenta.

Por último, no sirve de nada hacer un *forecast* si no se revisa mensualmente. Un *forecast* es un ente vivo, como la meteorología.

Revisar el *forecast* es una obligación del gerente y debe hacerse periódicamente con los responsables de los proyectos. La buena noticia es que conforme pasan los meses, las probabilidades de error se reducen. A la mitad de año el resultado de diciembre es cada vez más probable. Y en octubre, el *forecast* ya no variará a no ser que se produzca un milagro. Los milagros en las empresas y en la vida real pocas veces se producen. Pero, al menos ya tienes la base para empezar el *forecast* del año siguiente. Después de verano siempre elaboramos el presupuesto para los próximos 15 meses.

El *forecast* es el credo más importante para el empresario. Hazlo, respétalo y revísalo con frecuencia.

23 LOS CLIENTES SE PIERDEN

Habla para que te vean, dijo Aristóteles.

No existen clientes fieles. Los consumidores son básicamente infieles y es un hecho demostrado científicamente[28]. Una cosa es hacer marketing relacional con clientes, tener programas de fidelización, ofrecer ventajas a suscriptores o dar descuentos en compras reiterativas, y otra muy distinta pensar que todo esto asegurará las ventas futuras. Al contrario, los programas de fidelización restan ingresos.

Los clientes fieles, que algunos existen, vuelven a comprar no porque les demos ventajas, sino porque son fieles. La fidelidad en la compra de un producto no se explica tampoco por las cualidades intrínsecas y excepcionales de un producto. Muchas veces es una simple cuestión de conveniencia. Por ejemplo, un supermercado de barrio vende con más frecuencia a los residentes de ese barrio por cercanía y no necesariamente por hacerlo mejor que otros. Cuantas más ventajas demos a este pequeño grupo de compradores, más ingresos perderemos, porque comprarían igualmente. No haría falta premiarles para que vuelvan a comprar.

La cadena de cafeterías Di Francesco en Barcelona reparte una tarjeta de fidelización en la que se consigue el décimo café gratis. Cuando pregunté al encargado si conseguía más ventas con la tarjeta de puntos, me dijo que no, pero que era una atención a los clientes. Pues eso, la

---

[28] Sharp, B., Anderson, K., Bennett, D., Bogomolova, S., Corkindale, D., Danenberg, N., ... Winchester, T., (2013). *Marketing: Theory, Evidence, Practice*. USA: Oxford University Press.

mayoría de los que utilizamos la tarjeta del Di Francesco somos un grupo de clientes fieles, volveríamos con o sin tarjeta. La facturación con este colectivo se ha visto mermada en un diez por ciento.

En el restaurante Bohemia en Ubud, cerca del famoso Monkey Forest, como habíamos ido a desayunar varias veces, nos solían invitar a los primeros Cappuccino. Pero no íbamos porque nos invitaban, sino porque hacían un café maravilloso. Hubiéramos vuelto igualmente. El descuento por compra repetitiva es una atención al cliente, no un mecanismo de asegurar las ventas a futuro.

Los clientes tampoco se pueden retener. Los consumidores van saltando de un sitio a otro porque son polígamos, les gusta probar, comprar de repente más barato en otro sitio o simplemente no se acuerdan de nosotros. Estar en el *top of mind* de los clientes es algo muy difícil. Si no nos esforzamos constantemente en recordarles nuestra existencia, las probabilidades de ventas se reducen.

Me encantan unos inflables en forma de persona humana que por su construcción y presión de aire mueven uno de sus brazos señalando el punto de venta. En la ciudad de Chiang Mai al norte de Tailandia hay varios de estos monigotes a pie de calle de algunos comercios. Los compradores ya deben conocer su ubicación, pero ese elemento de atención contribuye a que no los olvidemos.

Teniendo claro todo esto, podremos tomar mejores decisiones respecto a nuestra oferta de productos o servicios, así como nuestra política comercial. El esfuerzo tiene que centrarse en la búsqueda de clientes nuevos, constantemente, todos los días, con una perseverancia de corredor de maratones. Respecto a los existentes, no olvides que son polígamos, que tienen muchos novios y novias y que son propensos a la infidelidad. Sonríeles como los balineses, agradéceles haber venido y pregúntales si mañana volverán. Muestra tu más sincera gratitud, porque haberles vendido ha sido una enorme suerte.

24 PONTE UN SALARIO

Il n'y a que le provisoire qui dure. Proverbio francés que significa que solo dura lo temporal. Son las decisiones provisionales las realmente duraderas.

Recomiendo encarecidamente leer el libro *Diario de una quiebra*[29] del emprendedor y prolífico escritor Riccardo Braccaioli. El autor, amigo personal y cuya historia tuve la suerte de seguir en parte, participó apasionadamente en la creación de su empresa familiar capitaneada por su padre.

La empresa producía pizzas artesanales mediante un proceso mecanizado ideado por un chef y emprendedor suizo. Eran excelentes y el diseño de su envoltorio recordaba al packaging de La Fageda. Riccardo, apenas terminados sus estudios de bachillerato en una de las instituciones educativas más prestigiosas de Girona, se incorporó como responsable comercial a Casa Modena, marca fabricante de la especialidad italiana.

Recuerdo en los inicios de aquella empresa, ahora vendida a unos inversores que intentan reflotarla, que en una parte de la nave industrial habían montado una pequeña tienda para abastecer a los consumidores de proximidad. Riccardo, una persona generosa e inquieta, me introdujo a los auténticos Lambruscos italianos artesanales. Me considero amante

---

[29] Braccaioli, Riccardo (2020). *Diario de una quiebra: Lecciones sobre el auge y fracaso de mi empresa familiar.* Autoedición Riccardo Braccaioli.

de los buenos vinos y entiendo que la categoría Lambrusco podría restarme credibilidad, pero esas botellas eran magníficas.

Casa Modena apostaba por la calidad, la artesanía, e intentó industrializar la producción de determinadas especialidades italianas. Recuerdo a su padre con pelo blanco y mirada desafiante, cómo mandaba a su hijo en aquella nave. Imponía por su edad, su seriedad y parquedad de palabras. Parecía una persona distante y entrañable a la vez. Era un gran amante de los Alfa Romeo y los coleccionaba. La familia Braccaioli parecía recién llegada de Italia, y eso que hacía años que vivían en España. Cuando hablaban castellano lo hacían con un fuerte acento italiano. En los packs había una ilustración de su padre con la inscripción *Il Maestro di Modena*. Habían sido exitosos comerciantes en el mundo textil y abandonaron el sector cuando Inditex se impuso en España y en el mundo entero. De tenaz empresario del mundo textil, pasó a ser maestro pizzero.

No voy a desvelar aquí el contenido de su libro, aunque por el título puedes intuir cómo acabó aquella aventura. Lo importante y, sobre todo, valiente de la confesión de Riccardo, es que nadie explica sus fracasos y menos con la riqueza de detalles que contiene su magnífico libro. Su lectura debería ser una obligación en las mejores escuelas de negocio.

Cuando supe de su publicación, no solo lo compré y leí de un tirón, sino que quedé a comer con Riccardo para felicitarle y pedirle que me firmara mi ejemplar.

El título de este capítulo es uno de sus muchos consejos. Cuando lo leí me sentí identificado, porque en Medialog los socios estuvimos casi dos años sin un salario acorde a la contribución. Teníamos ahorros personales para resistir y creíamos que así ayudaríamos a nuestra agencia a superar mejor los retos financieros de todo inicio.

Regularizamos esa situación a finales del segundo y, en mi caso, tercer año, pero fue un error. En nuestro caso salió bien, conseguimos regularizar nuestros ingresos retroactivamente, pero Riccardo nunca recuperó lo que como responsable comercial debía haber percibido. No ponerse un salario o no repartir al menos una parte de los excedentes si los hay, falsea la realidad.

No estoy diciendo que te asignes un salario como el que percibías antes de emprender. Pero empieza lo más pronto posible y actualízalo conforme la empresa crezca. Si tienes una estructura de gastos realista, el *forecast* será mucho más representativo.

A lo largo de nuestra breve historia hemos aumentado y disminuido nuestros salarios en más de una ocasión. Los socios tienen la potestad de reducirse los ingresos, algo que con los empleados es mucho más difícil de argumentar, aparte de traumático. Pero lo que no se debe hacer es mantener la continuidad de un negocio si no es posible pagar a los socios. La provisionalidad se convierte en normalidad y lo más probable es que cuando quieras hacer caso al consejo de Riccardo ya sea tarde.

Ponerse un sueldo no solo lo dice Riccardo, sino muchos expertos en creación de empresas. Pero, seamos realistas, al inicio no suele haber dinero para pagar salarios a los socios trabajadores.

En nuestro caso realmente no hubo ni un euro para dedicarlo a estos pagos. De hecho, no pudimos hacerlo hasta los 15 meses, pero luego poco a poco lo incorporamos. El error fue no hacerlo para todos los socios trabajadores. Creíamos que sería mejor ahorrarlo y fortalecer así la tesorería. Y así pasaron casi tres años. Aunque conseguimos solucionarlo, fue una decisión muy arriesgada.

Afortunadamente íbamos creciendo y cuando por fin decidimos regularizarlo, a los pocos meses ganamos más negocio. A nuestro juicio volvía a faltar colchón financiero para sentirnos cómodos. De no haber regularizado los atrasos, no lo hubiéramos hecho. En las empresas siempre hay una prioridad antes de pagar a los socios.

Hay que procurar tener la tesorería en una realidad y no apalancarla ficticiamente retrasando los pagos a los socios. Si lo haces corres el riesgo de no cobrarlo nunca. Riccardo nunca lo recuperó. Cuando en su empresa el desequilibrio financiero se hizo insostenible, no tuvieron más remedio que venderla para hacer frente al pasivo. Sus años de esfuerzo se quedaron sin compensación económica alguna.

Hay que separar la economía familiar de la empresarial, incluso si la empresa es tuya.

25 REPARTIR O REINVERTIR BENEFICIOS

La tesorería de una empresa es como el salario. Se gasta según se ingresa. Cuanto más ajustada sea, más rigor se genera en procesos administrativos y decisiones financieras.

Si la empresa se ha constituido con objetivo de lucro y hay beneficios, deben repartirse. La reinversión total de los beneficios para robustecer financieramente la empresa tiene sentido los primeros años, pero no durante muchos más. Y para saber cuánto repartir es necesario disponer de un *forecast* y, sobre todo, de una robusta previsión de tesorería.

Una buena previsión de tesorería debe mirar hacia el futuro, teniendo en cuenta lo realizado y lo previsto. Muchos de los ingresos y gastos que tenemos son previsibles a muchos meses vista. Además, los gastos vendrán con una puntualidad helvética y los ingresos siempre más tarde de lo esperado.

Los programas de facturación y contabilidad suelen tener un módulo de tesorería. Pero es incompleto. Solo tiene en cuenta la contabilidad del momento. Incluye todos los registros validados para la declaración fiscal. En cambio, la previsión de ingresos, no suele contemplarla porque el programa lo desconoce.

A los financieros no les gusta registrar importes no confirmados y hacen bien. La contabilidad es algo muy serio, debe cuadrar al céntimo. No es como un *forecast* que se revisa continuamente. Una cosa es la previsión a dieciséis meses vista y otra para los próximos tres o cuatro meses. Conforme haya confirmaciones de previsión de venta, el *forecast* se va adaptando.

La falta de una gestión eficiente de tesorería tiene una consecuencia en el cumplimiento de pago a proveedores si no hubiese suficiente saldo en cuenta. Un exceso de tesorería en tiempos de recesión también puede suponer consecuencia indeseada, porque podría implicar el pago de intereses por tenerlo depositado en un banco[30]. Un proveedor no es una entidad crediticia. Un banco tampoco es una simple caja fuerte. Conviene que el dinero esté en movimiento tanto para unos como para otros.

No tener una previsión de tesorería impide la planificación financiera eficiente en una empresa. No se sabrá si se podrá hacer frente a las pagas dobles, impide decisiones sobre operaciones financieras beneficiosas como un descuento de pronto pago, no permite ofrecer condiciones de pago a los clientes. Tampoco se sabrá si se podrá hacer frente al crecimiento de la empresa.

Lo más embarazoso será que no se sabrá cuándo hacer efectivo el pago de dividendos, porque los beneficios, al contrario de lo que se piensa, suelen estar en circulación. Los socios empezarán a no cobrar.

Recordaré siempre el momento en que nuestra fiscalista nos hizo un cálculo del valor contable de la agencia. Estábamos sentados en una de las salas de la gestoría que nos recomendó un buen amigo y empresario. Las oficinas estaban en los bajos de un anodino edificio de viviendas, en un municipio del extrarradio de Barcelona. Solo de entrar, se bajaban unas escaleras a un semisótano y ahí, al fondo, había un despacho para clientes. Era como entrar en una especie de búnker a cubierto de miradas y escuchas.

El valor nominal de nuestras acciones era de un Euro en el año 2016 y cuando nuestra fiscalista nos hizo la valoración, esa cifra se había multiplicado por cien. No negaré el orgullo que sentimos al instante, pero acto seguido nos preguntamos dónde estaba el dinero. Aún no habíamos repartido nunca beneficios y en las cuentas corrientes había lo de siempre.

Aprendimos que el dinero está en circulación, incluidos los beneficios acumulados de los últimos años. La única forma de saber

---

[30] Parece un contrasentido, pero en momentos de estancamiento, los bancos centrales pueden aplicar una política monetaria de intereses negativos. Si se deposita un dinero se deberá pagar un interés al banco.

cuánto tienes es teniendo una buena tesorería. Mientras no la tengas, ábrete una cuenta corriente para volcar ahí los excedentes. Actuará como una línea de crédito propia para cubrir las necesidades de tesorería.

El *forecast* no es un sustituto de la tesorería, sino una simulación de cuenta de resultados mensualizada y al menos a doces meses vista. Los gastos e ingresos se apuntan en los momentos que se generan y no en el momento que se pagan o cobran en el banco.

¿Cuánto repartir?

Las reservas legales a las que obliga la ley no cubren los costes de cierre de una compañía. Necesitarás reservas suficientes para hacer frente a los compromisos con proveedores y empleados. Por lo tanto, uno de los motivos para no repartir todos los excedentes sería este, independientemente de la marcha del negocio.

Otro motivo interesante es retener una parte de los beneficios para poder crecer sin sobresaltos. Nunca he entendido la ingeniería financiera de las grandes multinacionales y nunca me han sorprendido noticias como el anuncio de bancarrota de Revlon[31]. No es por falta de rigor financiero, sino por falta de líquido.

Cuando se emprende, aplicar la cuenta de la vieja y hacer un cálculo que entienda nuestra mente es la mejor garantía para no tener sustos.

¿Por qué repartir?

Acumular por ver un circulante más elevado no tiene sentido si no hay un plan de crecimiento acorde al dinero disponible. Además, si la empresa se ha constituido con ánimo de lucro, a los socios accionistas conviene compensarles. Conseguir un resultado positivo con la dificultad que supone hacer dinero, se merece un retorno. Son los socios los que han arriesgado su patrimonio y futuro económico invirtiendo en la empresa. Es lícito repartir beneficios y es conveniente hacerlo.

---

[31] https://elpais.com/economia/2022-06-16/el-gigante-de-la-cosmetica-revlon-se-declara-en-bancarrota-al-no-poder-hacer-frente-a-sus-deudas.html

Durante los años de existencia de cualquier empresa, se pasará por periodos mejores y peores. Si siempre se acumulasen los beneficios se utilizarían los excedentes para aguantar una estructura de gastos que de otra manera se hubiera racionalizado. Las empresas así definidas no son estructuras inamovibles. Hay que adaptarse a la realidad del mercado. Si los fondos propios se mantienen en un nivel razonable, ni muy elevados ni muy bajos, los gestores se preocuparán por hacerlos crecer. Una realidad financiera ajustada ayuda a mantener el nivel de atención y evita operaciones imprudentes.

26 SOCIOS O NO, ESA ES LA CUESTIÓN

No montes una sociedad al 50%. Sé generoso o resuélvelo a suertes. Echa una moneda al aire y el que acierte, que se quede con la mayoría. La diferencia son dos euros. Una sociedad a partes iguales se puede bloquear. Quedará inoperativa y será inevitable su liquidación.

Hay diferentes tipos de socios. Pueden ser socios capitalistas o socios trabajadores. Los primeros simplemente aportan capital para arrancar o mantener la empresa a flote, mientras los segundos, además de aportar dinero, trabajan activamente en la cimentación de la empresa.

Socios capitalistas los hay interesados en aportar con sus ideas y visión, mientras a otros solo les motiva un interés especulativo. No hay nada malo en ello. Todo depende de las necesidades de capital y del grado de industrialización necesarios para producir y vender productos.

A mi modo de ver, cuando los procesos de producción no implican fuertes inversiones, creo que es mejor apostar por inversores interesados en aportar con sus ideas o directamente socios trabajadores. Estos últimos estarán más implicados en la misión de la empresa y serán más conscientes cuando haya dificultades. A los socios capitalistas, en cambio, solo les preocupa el valor de la empresa.

En nuestro caso dimos prioridad a socios que trabajen activamente en la agencia. De hecho, ninguno de los socios, ni siquiera los que no trabajan, pueden desprenderse de sus acciones sin seguir unas estrictas reglas de venta. En nuestro pacto de socios hasta fijamos el valor de las acciones, recogido en un documento registrado notarialmente y elevado a público.

Queríamos evitar a toda costa caer en manos de socios capitalistas. Durante demasiados años sufrimos la presión de generar beneficios para inversores anónimos.

Nuestro pacto de socios protege a la plantilla que empuja diariamente la empresa. Sin ellos, nada existiría. No tenemos patentes, no tenemos apenas soluciones genuinas, no nos diferenciamos de la competencia ni ellos tampoco de nosotros. Lo que nos hace únicos es el equipo, la organización del trabajo y nuestra misión[32]. Por eso, el ambiente de trabajo no debe alterarse por las ansias lucrativas de inversionistas capitalistas.

La reflexión de tener o no tener socios es crítica, porque no tiene vuelta a atrás, al menos no fácilmente. En España, una sociedad limitada se constituye mediante tres mil acciones de un euro de valor nominal. La ley obliga a arrancar con este capital social y el reparto puede hacerse como se quiera. Si no se fijan mayorías reforzadas, quien reúna más de la mitad de las acciones dispone del derecho de voto mayoritario en las decisiones importantes en la Junta de Accionistas. Cada socio tomará posesión del porcentaje de acciones en función de su aportación al capital social.

Las decisiones tomadas en el seno de la empresa se suelen regir por mayorías absolutas. Una mayoría absoluta se da cuando más del cincuenta por ciento de los poseedores de acciones votan en un determinado sentido. Por este motivo, una de las peores formas de estructurar una sociedad es cuando únicamente dos socios disponen de la mitad de las participaciones respectivamente. En caso de desacuerdo no pueden constituirse mayorías absolutas y la empresa queda paralizada. A los bancos no les gusta este tipo de reparto, justamente porque la sociedad podría quedar bloqueada, inoperativa o directamente en liquidación por falta de acuerdo.

Cuando arrancamos nuestra agencia, conociendo estas limitaciones, intentamos evitarlo. Al ser más veterano y tener una perspectiva laboral más corta, propuse que fuera la otra parte la poseedora del porcentaje mayoritario. Pero al final no hizo falta. Teníamos un compromiso moral con un amigo empresario, que nos ayudó incondicionalmente durante nuestros inicios. Y como es de buen nacido ser agradecido, cumplimos

---

[32] La misión de Medialog es ser la agencia con el mejor talento.

nuestra parte y le convertimos en accionista minoritario. De esta forma también resolvimos el riesgo de no acuerdo por no poder constituir mayorías absolutas.

27 PACTO DE SOCIOS

Muy pocos socios, inversores financieramente estables, íntegros y complementarios de carácter; un pacto de socios cocinado a fuego lento y condimentado con una larga lista de casuísticas. Una vez elaborado y notarialmente registrado, guárdese en el congelador.

Al inicio de la actividad no suele haber ningún tipo de fricción entre los socios. Todo es ilusión y esperanza, incluso durante el periodo apnea[33] que toda empresa nueva suele pasar. El valor contable de la empresa se limita al capital social y en la cuenta corriente habrá unos mínimos recursos propios para funcionar al menos durante unos meses.

El problema viene cuando se necesita ampliar el capital social, aportar préstamos, apalancar la compañía, costear crecimientos, repartir o no beneficios, tomar decisiones de inversión, vender participaciones sociales, comprarlas, incorporar nuevos socios o contratar personal de salario elevado. Pueden surgir mil motivos para incomodar a los socios o provocar desacuerdos. Y si la compañía tiene éxito, los riesgos de choque de intereses se incrementan.

Por este motivo conviene elegir bien a los socios. No hagas socios a tus empleados por el mero hecho de compensarles su apuesta. Ser socio no solo tiene beneficios, sino también riesgos, obligaciones y atrevimiento que no todo el mundo está dispuesto a soportar. Un empleado piensa básicamente en su salario y si le haces socio; en conseguir adicionalmente un bonus en forma de dividendos. No piensa

---

[33] Llamo así al periodo en que los gastos superan a los ingresos.

en la posibilidad de pérdidas y en descapitalizarse porque se ha decidido hacer una ampliación de capital. Es mucho mejor indagar en fórmulas de participación en resultados que comenzar a repartir participaciones.

El fundador de una exitosa empresa nos confesó durante unas jornadas sobre modelos de negocio, que una de sus equivocaciones de inicio fue crear una cooperativa. En este tipo de sociedades, todo cooperativista tiene un voto. Es como si repartieras las participaciones sociales de una sociedad entre todos los trabajadores a partes iguales. Parece un bonito acto de altruismo, de compañerismo justo y desinteresado, pero a la hora de la verdad genera importantes frenos en la gestión. Tras varios años funcionando como cooperativa, encontraron una vía de salida creando una fundación, donde un reducido número de patronos pueden decidir sobre los temas relevantes para garantizar la continuidad del proyecto. La Junta de Accionistas, al igual que los patronos en una fundación, es el mando último de una sociedad y conviene que sean personas pacientes, experimentadas y generosas.

Patagonia, la emblemática empresa de prendas y material deportivo, dada la edad de Yvon Chouinard, ha decidido donar la propiedad de la empresa a una entidad sin ánimo de lucro centrada en proyectos de sostenibilidad[34]. Ahora bien, mientras los beneficios fluirán directamente hacia esa entidad, los derechos de voto sobre la gestión de la empresa, que incluyen la decisión sobre cuántos dividendos se pagarán, permanecen íntegros en la fundación Patagonia Purpose Trust.

Para evitar conflictos entre socios, un buen pacto de socios rubricado por todos los partícipes y registrado notarialmente puede ser una herramienta muy eficaz. Debe establecerse claramente quién se ocupa de qué, cómo se toman las decisiones, derechos y deberes de los socios, etc. A falta de un pacto de socios serían los Estatutos de la empresa los que determinan su funcionamiento. Los estatutos de una empresa suelen ser muy simples y no clarifican los procedimientos, especialmente cuando surgen problemas. Nuestro pacto de socios está elevado a público y cualquier empleado puede consultarlo en nuestra intranet. Además, los nuevos socios deben suscribirse al mismo. De esta forma, las intenciones iniciales quedan intactas. Un pacto de socios está por encima de los Estatutos de la empresa.

---

[34] Los beneficios de las acciones los percibirá Holdfast Collective, una ONG norteamericana de la que no se conoce la presencia online.

Si el objetivo de la empresa es lucrativo, más o menos socios significa más o menos participación en los retornos económicos alcanzados. Pero también significa más o menos aportación si las cosas no van como se esperan. Una empresa suele necesitar dinero tanto si va a mejor como si va a peor. Crecimientos rápidos, por ejemplo, traen las mismas tensiones de tesorería que una previsión de ventas no alcanzada.

En un pacto de socios se puede establecer qué obligaciones tendrán los partícipes en caso de tener que aportar un préstamo o suscribir ampliaciones de capital. También debe especificarse cómo proceder si un socio no quiere o no puede hacer la aportación. No todo el mundo administra su economía familiar por igual. Hay quien le gusta disponer de ahorros para superar imprevistos, hay quien prefiere vivir al día. Por eso conviene dejarlo claro en el pacto de socios.

En nuestra agencia hemos vivido momentos de necesidades de recursos y por suerte, los socios somos previsores. Estamos bien alienados en asuntos domésticos, tenemos rigor financiero y no corremos excesivos riesgos a nivel personal. Cuando preveíamos una tensión de tesorería, hicimos aportaciones en forma de préstamo y tan pronto lo superamos, retornábamos el dinero. Por eso es tan interesante crear un fondo de reservas de capital, básicamente acumulando beneficios. Tenerlo evita tener que pedir favores a los socios y poder autofinanciarse. En el pacto de socios se puede determinar, así no será sorpresa para nadie.

Si la empresa cuenta con un único socio, los inconvenientes de desacuerdos se esfuman. No obstante, también se esfuma la posibilidad compartir responsabilidades. Desaparecen potenciales conflictos, pero crecen las cargas. No tener socios significa beneficiarse de los resultados íntegramente, pero también enfrentarse en solitario a las adversidades.

No tener socios es más simple, aunque también más frágil. Tener buenos socios fortalece la empresa y te libera como empresario. En mi caso, no habría podido marchar a trabajar en remoto a Asia. Si no estuviera descargado de parte de mis responsabilidades empresariales, no hubiera tenido tiempo de escribir este libro.

28 EL ARTE DE GESTIONAR PERSONAS

Los empleados hacen las empresas y las empresas hacen las sociedades. Son los equipos humanos los que conforman el carácter de las entidades. Y es la autoestima la base del éxito.

A las pocas semanas de llegar a Indonesia, había organizado un encuentro con una agencia de publicidad digital en Denpasar, la capital de Bali. Habíamos quedado a las nueve de la mañana y me acerqué con el scooter no sin antes equivocarme de camino. Me considero una persona con una razonable capacidad de orientación. Creo que tengo memoria espacial y puedo imaginarme el camino hacia los sitios. Pero, en Indonesia, como la naturaleza, las calles y las construcciones son muy diferentes a las europeas, me perdía muchas veces.

Decían todos los expatriados en nuestro coworking de Ubud que Bali es de los pocos sitios del mundo donde Google Maps te orienta mal. Y doy fe, aunque también lo comprobé en Seúl (Corea del Sur), que es mucho más avanzado. Ante una instrucción de esta aplicación planetaria, si te encuentras en el sudeste asiático, pregúntate si tiene lógica y toma una decisión consensuada con el sentido común. Muchas veces corroboré la dirección a tomar mirándome la brújula del móvil. Pero, aun así, me equivocaba.

Ya delante de la agencia y faltando pocos minutos para la cita, no veía apenas coches aparcados y, sorprendentemente, tampoco ninguna moto. No ver motos en Bali es algo inverosímil. Pensé que los empleados empezarían más tarde.

A las nueve en punto atravesé la verja del jardín y en ese instante se abrió la puerta principal de la casa. El director y propietario de la agencia me estaba esperando. En la recepción había tres empleadas balinesas mostrando su característica sonrisa. Les saludé juntando las manos en forma de rezo. El director me llevó a conocer los distintos espacios de la agencia. En cada despacho había varias personas jóvenes trabajando, muchos con pantallas grandes y curvadas, todo ultramoderno. El director me aclaró que llevaban trabajando desde las ocho de la mañana. No sé cómo habían llegado ahí. Había transporte público en la capital, pero no era lo habitual para desplazarse en esta Isla. Además, a los balineses no les gusta andar.

El último departamento era el financiero. Había cuatro personas y una de ellas de aspecto occidental, probablemente australiana; los fundadores también lo eran. Les saludé y les dije sonriendo que ese departamento, en una agencia de publicidad, no solía ser precisamente el más querido. Sus caras mostraban sorpresa por mi atrevimiento. Les aclaré que los publicitarios solo entienden de publicidad y ventas, mientras los números y las facturas les horrorizan. Las cuatro se echaron a reír. Añadí que en nuestra agencia en España también teníamos *controllers* financieros como ellas y que eran una parte esencial del negocio por mucho que los demás no entendieran el alcance de su importancia para el negocio.

—Si no se hiciera minuciosamente la labor de facturar y perseguir los cobros —proseguí— ni nuestra agencia ni ninguna empresa podría resistir más allá de treinta días.

Las cuatro asentaron con visible satisfacción y movían sus cabezas en señal de afirmación. Reconocer la labor de los empleados y recordarles el sentido del trabajo, es lo que trataremos en este capítulo.

El sentido del trabajo

Muchos trabajamos infinitas horas a lo largo de la vida. Nuestra sociedad occidental se preocupa para que estemos ocupados laboralmente durante días, meses y años. Trabajar es necesario para sobrevivir, aunque muchas de las necesidades que nos creamos, probablemente sean innecesarias. En palabras de Rick Pursell[35] son distracciones. Uno podría sobrevivir con lo que cabe en una mochila. No hace falta mucho más.

Probablemente estés también ocupado en un trabajo que te llena buena parte de tu vida. Si miro hacia atrás, he trabajado tantas horas que debería estar jubilado hace años. Mi edad biológica es la que es, pero si se midiera por horas trabajadas sería un anciano. Trabajar como una mula no es algo malo en sí. Nunca lo pasé mal haciéndolo ni me arrepiento de haberlo hecho. Ahora bien, si no estaba a gusto o tenía sensación de perder el tiempo, cambiaba de trabajo rápidamente.

Si dejaba de verle el sentido buscaba una salida. No he sido nada paciente con mis empleadores, lo reconozco. Pero tampoco he tenido ningún problema en volver a la misma empresa si las circunstancias y el planteamiento volvían a tener sentido. De hecho, retorné tres veces a la misma agencia. Me llamaban el hombre bumerán.

Debo a todos mis empleadores lo que hoy soy profesionalmente. Todas eran grandes empresas, prósperas, poderosas y únicas. Pero cuando decidía rescindir un contrato, nunca reconsideraba mi decisión. Creía, y todavía creo, que un empleador tiene la obligación de observar y detectar cuando el equipo pierde la ilusión. Los cambios deben introducirse antes de deteriorarse la motivación y no cuando un empleado piensa en abandonar. Las respuestas reactivas nunca responden a una voluntad de cambio. Son reacciones defensivas. Buscan la comodidad del que ficha y nunca me las creí.

Como responsable de equipo, cuando un trabajador decide abandonar, tampoco intento retenerlo. Las decisiones se toman para llevarlas a cabo. Además, una relación laboral no va de amor, sino de trabajo. Y cuando hay una motivación de cambio se hace porque se busca algo mejor por la razón que sea. Siempre he evitado influir en una decisión tan personal e importante como es aceptar o renunciar a un puesto de trabajo.

Perder empleados, especialmente cuando son brillantes, duele. Recientemente perdimos a una de las promesas de nuestro equipo. Estuve abatido durante un buen rato. Ella lloraba mientras nos explicaba

---

[35] Pursell, R. (2011). *Cause no harm: Creating a future without causing harm.* CreateSpace Independent Publishing Platform. Cómpralo aquí: https://amzn.to/3BuwTOF

su decisión. Yo también lloraba, aunque sin mostrárselo. Intenté animarla, pero no retenerla. Pienso que no beneficia a ninguna de las partes.

Nunca retuve a nadie y si lo he hecho habría sido por algún despropósito en recursos humanos de alguna multinacional. Tampoco tengo resentimiento si abandonan; los trabajadores no nos pertenecen. Volvería a ficharle, quizá no ahora mismo, pero sí cuando haya acumulado más elementos de comparación. Posiblemente habremos fallado en mantenerla motivada, aunque sabía que ocurriría más pronto que tarde. La presión interna en nuestra agencia es muy grande y la responsabilidad de todos muy alta. Quizá le exigimos demasiado. Es espabilada, inteligente y buena persona. El futuro es imprevisible.

Las razones que un trabajador expone a la hora de comunicar su rescisión de contrato casi nunca corresponden a los motivos que le han llevado a tomarla. Suele ser más complejo, incluso difícil de resumir para el propio empleado. Renunciar a un trabajo requiere una buena dosis de valor, casi de insensatez. No te rompas la cabeza por entenderlo, no insistas porque no lo sabrá explicar. Suficientemente incómodo es tener que comunicar una rescisión de contrato como para sincerarte con tus jefes cuando sabes que en pocos días estarás libre como un pájaro.

Tampoco se debe cambiar una empresa para satisfacer a una persona desilusionada, por muy buena que sea. Hay que intentar mantener el centro de gravedad para el conjunto y hacer equilibrios de platillo. No es fácil, se corren riesgos y a veces se rompe algún plato.

Una forma sencilla de mantener la ilusión por el trabajo es saber por qué lo haces. No sé si Piedras del Pas, una empresa extractora de la piedra utilizada en la construcción de la Sagrada Familia en Barcelona, motiva a sus empleados haciéndoles ver la trascendencia de su labor. Pero sería un buen motivo. Los bloques de piedra de Vargas tendrán una utilidad casi eterna. Además, serán admirados, fotografiados y recordados por cientos de miles de visitantes de todo el mundo. Cada bloque garantiza la estabilidad de un monumento conocido a nivel mundial. Si fuera el gerente de esa cantera me llevaría a todos los empleados a una visita guiada del templo. De esta forma, hasta el último conductor de toro de carretilla sabría porque mueve diariamente piedras de un sitio a otro. Su trabajo no es mover piedras, sino contribuir a que se culmine una basílica majestuosa y declarada Patrimonio de la Humanidad por la Unesco. Ese es el sentido del trabajo.

Si no te preocupas por hacer partícipes a tus empleados del sentido del trabajo no conseguirás motivarles. Los humanos no somos máquinas. Necesitamos saber por qué hacemos las cosas. Y saberlo no significa simplemente quedarte en el ámbito de tu área. Si eres contable es obvio que el objetivo de la tarea es que todo esté bien facturado y contabilizado, pero eso no es el sentido del trabajo. El sentido no es que la contabilidad cuadre, eso se da por supuesto y forma parte de la labor de un buen contable. El sentido del trabajo es que la agencia pueda seguir operando y que todas las personas relacionadas con la empresa queden razonablemente satisfechas por nuestra existencia. Sin ese engranaje y el de los demás, una empresa no tendría continuidad.

En las multinacionales publicitarias, el sentido es la creación de valor para los accionistas. No se suele explicar, porque es poco motivante, sobre todo si no tienes acciones. Si volviese a una multinacional, que no puedo básicamente por edad y ganas, lo diría tal cual desde el primer día.

Maurice Levy, el que fuera presidente de Publicis Groupe hasta el año 2016, nos visitó un día en las oficinas centrales de Madrid, estando presente todo el equipo directivo de Iberia. Éramos muchos porque era de las grandes agencias de medios en España. Se había retrasado por una reunión con nuestro CEO, Miguel García, una gran persona. Estábamos esperando impacientes, entre bromas, al gran ejecutivo de este grupo publicitario mundial. Cuando finalmente entró en la sala disculpándose brevemente por su retraso, nos miró y dijo: No os preocupéis por el retraso, no estáis despedidos, ¡todavía! Todos soltamos unas sonoras risas mientras nos recorría un estremecimiento.

Nuestra alteración por su sinceridad chocaba porque nunca se explica el verdadero sentido en una empresa cotizada. El sentido último no es crear un magnífico equipo, eso se da por supuesto. El sentido de una multinacional cotizada es crear valor para los accionistas. El valor para los accionistas no es tener un equipo directivo de magníficos y costosos ejecutivos, sino cobrar dividendos y poder vender las acciones en el futuro a un valor muy superior a la compra. Por lo tanto, formar un buen equipo no es el sentido de estas empresas; el equipo es un medio para lograr una rentabilidad económica. No habría que engañar a nadie con falsas esperanzas. Cuando me obligaron a hacerlo, les entregué mi renuncia.

Si en una empresa, incluso cotizada, se explicase claramente el sentido del trabajo, habría menos frustraciones y menos desánimo. No hay nada malo en crear valor para los accionistas. Con el transcurso de los años, muchos de nosotros tenemos algún plan de pensiones, un pequeño fondo de inversión o un pequeño ahorro en el banco. Incluso, no teniéndolo, en algunos países afortunados tenemos derecho a una pensión por haber cotizado y ese dinero también recurre a los mercados financieros para mantener el valor. El sentido de estas inversiones es que no pierdan valor. Por lo tanto, es lógico esperar que las inversiones se mantengan o crezcan. Lo malo es no decirlo claramente. No debemos engañar a nadie con el sentido del trabajo.

Puede que el objetivo de Piedras del Pas sea de puro lucro para sus propietarios, pero eso no le quita el sentido al trabajo. Cortar piedras para culminar la Basílica de la Sagrada Familia es un trabajo con sentido, porque ese monumento quedará para siempre. Si no lo consideras así, cambia de trabajo. Levantarse para ir al trabajo y no verle el sentido es perjudicial para la salud. Pasamos demasiado tiempo en nuestros trabajos para desperdiciar la vida sin verle el sentido.

El empresario responsable debe reflexionar sobre esta cuestión. Hay que buscarle el sentido al trabajo e involucrar al equipo. En nuestra agencia, por ejemplo, que no cotizamos ni cotizaremos en bolsa nunca, el sentido del trabajo es la continuidad de la empresa. Así lo tenemos escrito en nuestro pacto de socios. Haremos todos los esfuerzos necesarios para resistir, por encima de los resultados puntuales mientras estos sean positivos. Hemos creado la empresa para ofrecer un entorno de trabajo estable con una clara voluntad de permanencia. Somos exigentes en las contrataciones, no hacemos excepciones ni compromisos. Sabemos que para lograr nuestro fin es necesario contar con los mejores, y los tenemos. Sabemos que nuestras soluciones tienen que ser efectivas para nuestros clientes y no comprometeremos nuestras recomendaciones por intereses cortoplacistas. Asumimos riesgos hasta el punto de equilibrio y por ahora no nos ha ido mal.

Al contrario de una multinacional, nuestro sentido es crear un entorno laboralmente estable gracias a una gestión de clientes efectiva y una política de recursos humanos responsable. Y para que todo el mundo sea consciente, debe comunicarse reiteradamente. Hay que mostrar los resultados, la evolución de la empresa, los éxitos y fracasos. Hay que estar atentos a la gestión de las carreras profesionales y practicar una política salarial sostenible.

La importancia de la palabra

José María Gasalla, profesor de Deusto Business School, conferenciante y escritor, lo ha definido con claridad. Una de sus obras es *Dirección por confianza*, ya en su duodécima edición[36]. Cuando tuve ocasión de asistir a uno de sus cursos, Gasalla nos instruyó sobre la importancia de la palabra.

La confianza en las personas se construye cuando las palabras corresponden a los hechos. Si dices a un empleado que cuentas con él, no debes despedirlo al hacer menos beneficios. En las multinacionales pasa a menudo. No hace ni falta entrar en pérdidas. Basta con un desvío del forecast para desencadenar un desalmado ajuste en gastos de personal.

Los gastos de personal pueden suponer el setenta por ciento de los gastos en nuestro sector. Por lo tanto, si se prevé una reducción de beneficios y el objetivo es maximizarlos, lo lógico es reducir gastos. No hay nada malo en ello. Lo incorrecto es solo el discurso. Las palabras muchas veces no se corresponden con los hechos. Habría que decir: cuento contigo mientras la previsión de beneficios se mantenga o crezca. De esta forma, cuando desde la sede central nos mandasen adelgazar la plantilla, no entraríamos en contradicción.

Maurice Levy tuvo razón cuando añadió el adverbio "todavía" al final de su afirmación que aún no estábamos despedidos. No sé si lo hizo en un contexto de broma o tenía intencionalidad. En todo caso era una verdad. El cuadro directivo es lo más costoso en gastos de personal. Si las cosas no salen como estaba previsto, despedir una parte de los peces gordos es una forma de mejorar los beneficios rápidamente.

Por lo tanto, no digas cosas que no puedas cumplir. Sé sincero, sé valiente, sé claro. Nadie se marchará por contar la verdad, al contrario. Cohesionará al equipo, incrementará la confianza y reducirás la rumorología. Así lo he hecho durante mi carrera profesional, incluso en la multinacional. Y cuando me obligaron a explicar historias que sabía que no se cumplirían, monté mi propia empresa.

---

[36] Gasalla, J.M. (2010). *La nueva dirección de personas: La Dirección por Confianza (DpC)* (12ª ed). Pirámide. Encuéntralo aquí: https://amzn.to/3vt3AbA

Autorizar y motivar

Probablemente hayas oído hablar del efecto Pigmalión o efecto Rosenthal. Se ha demostrado científicamente que las expectativas de los directivos sobre sus subordinados tienen un efecto en el rendimiento de estos últimos.

Los experimentos más notorios demostraron que informando al personal docente que una serie de alumnos tenían mayor potencial de aprendizaje que el resto por su coeficiente intelectual, contribuían a que estos mejoraran significativamente su rendimiento. En realidad, no tenían mayor potencial, porque se escogieron al azar. La explicación está en las expectativas del docente que, al creerles con mayor capacidad, les inspiró mayor confianza y les produjo una mayor autoestima.

Los empleados responden a las expectativas de sus jefes. Si estos establecen expectativas negativas, el rendimiento disminuye porque la autoestima se deteriora. He comprobado este comportamiento en repetidas ocasiones. Obviamente hay personas con distintas potencialidades, pero si confías en su capacidad, si les transmites tu confianza de que lo harán bien y les felicitas cuando terminan con éxito los encargos, verás que son capaces de hacer cosas extraordinarias.

El mundo no funcionaría si no fuese así. No hay personas válidas y otras inútiles. En el ámbito organizacional, lo que nos diferencia es la autoestima y nuestra capacidad de transmitir nuestra confianza a los demás. Hay directivos que lo saben hacer y hay que no lo logran.

Una forma de demostrar nuestra confianza es autorizar a nuestro equipo a tomar decisiones. Pero, si se hace, debe ser de una forma sincera y consecuente. No se puede autorizar y luego criticar la decisión. La crítica influye directamente en la autoconfianza y el rendimiento laboral. Autorizar significa asumir el riesgo de equivocación. En caso de contingencia, hay que restarle importancia al resultado, reiterar la confianza en la persona y reforzar el coaching. Lo importante no es acertar, sino atreverse a decidir. Solo se aprende decidiendo.

El liderazgo transformacional, que es como se llama técnicamente, donde los trabajadores se sienten motivados y confiados, consigue resultados superiores al liderazgo transaccional. Este último se centra en premiar objetivos individuales mediante un bonus o una promoción. No actúa sobre la motivación, no consigue una mayor cohesión del equipo y no eleva la autoestima.

Líderes transformacionales suelen ser personas empáticas, creativas, respetuosas y generosas con los errores. He tenido la suerte de conocer a unos cuantos, muchos jefes directos. Y también he conocido de transaccionales. Los resultados eran evidentes: mientras con los primeros éramos una piña e íbamos a por todas, con los segundos crecían los reinos de taifas. Con los segundos existen los elegidos y el resto.

No basta con decir que confías, realmente lo debes hacer. Autoriza a tu equipo, encaja equivocaciones y al poco tiempo tendrás un vestuario de primera división. Louis Van Gaal, entrenador del FC Barcelona en dos ocasiones, obtuvo resultados muy irregulares en su segunda y última etapa. En las conferencias de prensa después de los partidos exculpaba a sus jugadores diciendo que no se podía esperar mejor resultado con la calidad de jugadores que tenía. Probablemente tenía razón, porque no pudo fichar a los jugadores que él quería, pero también transmitía a la prensa y a su propio equipo sus expectativas negativas. Es muy probable que la autoestima de los futbolistas quedara afectada y hasta que no le destituyeron, no se pudo girar la trayectoria del equipo.

Guy Roux[37], en cambio, el entrenador más longevo de la historia del AJ Auxerre dirigiéndolo durante 44 años, convirtió un equipo de aficionados en un equipo profesional. Obtuvo por ello reconocimientos de Estado y su caso es mundialmente famoso. Entre sus resultados cuenta con 375 victorias, 256 empates y 259 derrotas. Es decir, un 42 por ciento de éxitos, mientras una mayoría eran empates y derrotas a partes casi iguales. Aun así, el AJ Auxerre era una de las más preciadas canteras de grandes futbolistas a nivel mundial.

Los líderes de verdad, como dice el CEO de Microsoft Satya Nadella, deben generar claridad, energía y las condiciones de éxito para que el equipo y la empresa se desarrollen. Promociona los pigmaliones positivos y a los que no lo son, si son imprescindibles, hazles coaching para que mejoren.

---

[37] Guy Roux. (2021, 26 de enero). Wikipedia, La enciclopedia libre. Fecha de consulta: 19:52, 31/7/2022, desde https://es.wikipedia.org/wiki/Guy_Roux.

Contratar personal

He tenido la suerte de poder contratar decenas de profesionales a lo largo de mi vida laboral. Siempre me han autorizado a hacerlo. Han sido tanto mujeres como hombres, aunque en general, en mis equipos predominaba el género femenino. Ya en la facultad solía haber notablemente más alumnas que alumnos.

No creo que la carrera publicitaria atraiga más a un género que a otro. La razón del desequilibrio probablemente esté en la dificultad de acceso; se exige una nota muy alta por la gran demanda que hay. Igual es un estereotipo, pero los hombres solemos ser más despreocupados con los estudios. Cuando nos damos cuenta de la importancia, ya suele ser tarde. Ellas, en general, son más constantes y consiguen así a lo largo de los estudios preuniversitarios un promedio de notación más elevado. Como las plazas universitarias son limitadas, nos guste o no, el criterio de asignación sigue siendo la nota promedia alcanzada.

Trabajar con mujeres es mucho más competitivo. Hay que tenerlo en cuenta. Mi experiencia es que son más exigentes. Los hombres, en cambio, aparentan serlo menos y evitan los conflictos. No parecen interesados en la profundidad de los detalles y no tienen curiosidad más allá de lo que ven a primera vista. Son menos minuciosos. A los hombres que he tenido en mi equipo, no les pasaba por la cabeza que podrían ser substituidos por otro empleado. Las mujeres, en cambio, tienen siempre todos los sentidos puestos, temores incluidos. No se les escapa nada, ni siquiera lo que no se ve o no se dice. Es una tensión constante. Se exigen a sí mismas mucho más que los hombres.

En una reciente cena en Ubud, sentados en la planta superior de uno de los característicos Warung familiares, veíamos desde el balcón el restaurante de enfrente. Había varios ventanales abiertos a pie de calle y, en cada obertura, una mesa con personas cenando.

En uno de los extremos se sentaba una joven pareja, turistas sin lugar a duda. Ya habían terminado y miraban por la ventana como si estuviesen esperando algo. Fuera del restaurante había el aparcacoches, una figura imprescindible en las calles indonesias no para aparcarte el vehículo, sino para entrar o salir del aparcamiento dado el caos de tráfico en prácticamente cualquier calle. Dentro, los camareros servían y recogían mesas constantemente.

De repente, el chico de la mesa del extremo se levantó, miró a ambos lados, dio una señal a su compañera y salieron por la ventana. Dentro, una camarera lo detectó de inmediato y les abordó en la calle con la cuenta pendiente de pago. Ni el aparcacoches ni el resto de los camareros se dieron cuenta. Somos mucho menos observadores que las mujeres. Los hombres nos limitamos a la tarea encomendada, solo esa, y no nos fijamos en el entorno. Si quisiéramos evitar que nadie se vaya sin pagar, a un hombre habría que encargarle concretamente esa tarea. Hay que ser mala persona irte de vacaciones a Bali y eludir el pago de tus consumiciones...

A la hora de contratar personal, hacemos siempre esfuerzos para equilibrar las plantillas por género, pero resulta muy difícil, al menos en nuestro sector y latitud. Creo que el equilibrio en género sería algo saludable.

Existen diversas metodologías para seleccionar candidatos, realizar test de personalidad y formas de evaluarlos. Vaya por delante que no tengo formación académica en esta especialidad. Acumulo años de práctica, lectura y observación que quizá puedan ser de utilidad. Pero no pretendo demostrar tesis alguna. En cuanto puedas contratar un responsable de recursos humanos con formación, no lo aplaces.

He visto en muchas agencias autorizar a empleados en la contratación de nuevos profesionales, sin hacer ninguna supervisión por parte de una persona más experimentada, ni siquiera a modo de coaching. He visto hasta nombramientos de profesionales a puestos directivos en recursos humanos sin ninguna formación específica en la materia. La gestión de personas es una actividad nuclear en las empresas y que se merecería la máxima profesionalidad.

Una de las experiencias más frustrantes fue mi charla con la responsable de personal en una gran multinacional. Era una mujer de mediana edad que ocupaba un alto cargo en el selecto grupo de los máximos ejecutivos a nivel mundial. Le expuse el problema de los becarios y que es una verdadera pandemia en muchas empresas, incluso en Bali.

Tener personas en prácticas es una obligación de cualquier empresa. Deberíamos obligarnos a formar nuevos profesionales e invertir parte de nuestro tiempo para transmitir la experiencia y garantizar la continuidad de nuestra profesión. No tengo nada en contra de incorporar personas en prácticas incluso si perciben una compensación dineraria inferior a la de un empleado, porque no son empleados ni deberían realizar tareas rutinarias. En las agencias que he trabajado, siempre teníamos convenios formativos con universidades para llevar a cabo prácticas curriculares. Solían hacer estancias de cuatro meses a media jornada, con la compensación de los créditos y la seguridad social.

Ahora bien, lo que no debe permitirse es que los becarios se conviertan en empleados de facto para ahorrar costes. No lo digo solo por lo insostenible que resulta tener trabajadores con una remuneración injusta y moralmente indefendible, sino que las personas en prácticas van perdiendo oportunidades laborales conforme se hacen más mayores. Retener becarios sine die es una irresponsabilidad inaceptable y así se lo expuse a aquella ejecutiva.

Me escuchó sin mostrar mucho interés. Mientras hablaba parecía pensar en otros asuntos más relevantes. Le dije que de acuerdo con la autorregulación que se imponían las multinacionales respecto a la protección de su personal, sería conveniente limitar la permanencia a un tiempo máximo. Una vez transcurrido, o se les incorpora en plantilla o se les termina las prácticas para que puedan buscar un empleo de verdad. Se debe hacer por decencia y por responsabilidad, añadí, porque no es justificable aprovecharnos de su esperanza de lograr un contrato, cuando sabíamos que las contrataciones estaban congeladas.

Nunca me respondió a mi sugerencia reivindicativa. Creo que me borró de su libreta de contactos por ser potencialmente peligroso. Le parecería un directivo con una extraña afección al sindicalismo revolucionario. Nunca se corrigieron esos vicios en recursos humanos y algunos becarios aguantaron en vano varios años sin lograr nunca un empleo estable.

Si lees estas líneas y te encuentras en esta situación, despierta y ponte a andar. La tarea de becario tiene sentido unos meses, dependiendo de la complejidad quizá un año, pero no mucho más allá. Tómalo como un periodo de formación práctica. Pero, si tienes tareas repetitivas asignadas, en realidad eres un trabajador. Estés en Denpasar, Chiang Mai, Seúl o Madrid, tu temporizador está en marcha. No malgastes tu tiempo y mucho menos tu vida. Cuando consideres que has aprendido, expresa tus ganas de conseguir un empleo y si no hay reacción, emprende un nuevo camino. No tienes nada que perder. Trabajar gratis lo podrás hacer en cualquier sitio.

Recursos Humanos es una tarea demasiado crítica para dejarla en manos de personas sin experiencia o decencia. No se debería permitir que personas sin ninguna formación en la selección de personal se encarguen de entrevistar a candidatos obligándoles a completar pruebas o incluso juegos de rol para acceder a un empleo. He escuchado historias inverosímiles durante mis entrevistas a postulantes. Conseguir un trabajo es en sí una labor muy estresante, muchas veces injusta, donde la entrevista en un momento puntual de tu vida es todo menos una muestra representativa de tu capacidad y personalidad.

Desde la pandemia, las reuniones físicas son escasas o inexistentes, especialmente para entrevistas o encuentros entre compañeros de trabajo. Durante la pandemia hemos vivido tanto contrataciones de personal como rescisiones de contrato por parte nuestra o por parte de algún empleado a través de la pantalla. Debo confesar que no estoy habituado todavía a esta forma de gestión de recursos humanos. El metaverso aún no está suficientemente desarrollado para simular una entrevista en un ambiente distendido.

Aun así, las contrataciones que hemos hecho durante la pandemia han tenido un notable éxito en el acierto de perfiles. En mi etapa analógica, el porcentaje de éxito solía rondar el cincuenta por ciento, mientras que en las contrataciones virtuales ha sido algo superior. Quizá si volviésemos a un sistema de oficinas tradicionales seguramente el equipo no encajaría igual de bien. Diferentes modelos organizativos probablemente generen dinámicas distintas entre las personas. Quizá el motivo de éxito debe buscarse en la facilidad de adecuarte a una relación virtual. En las redes sociales, por ejemplo, se suelen tener muchos más "amigos" que en la vida presencial. Seguiré indagando.

Retener personal

El personal más competitivo solo permanece si se encuentra a gusto y motivado. En general, lo que más cuesta es retener a los mejores. En la multinacional nos pasaba a menudo y como no nos dejaban contratar ni rescindir fácilmente, los equipos a la larga perdían competitividad.

Afortunadamente, si la empresa es tuya no tendrás más límites que la legislación laboral. Nadie te dirá que no puedes contratar porque la hoja de cálculo de un directivo alejado de tu realidad necesita reducir la cifra de gastos.

Nunca, pero nunca, te comprometas cuando no lo veas claro. Las personas podemos tener mejores o peores momentos, en la mayoría de los casos por motivos extra empresariales. No se trata de ser insensible y cegarse ante esta evidencia. Pero, cuando el equilibrio entre lo personal y lo profesional desaparece, ponte en guardia y ponle un límite.

Las empresas no son una oenegé. Tu negocio no es tu familia. Los empleados no son tus hijos. Una empresa debe ser un conjunto de personas bien avenidas, que comparten una misión y unos valores, y que luchan por igual para llevarla adelante. Una empresa es un medio de ingreso para todos, una solución a largo plazo de las necesidades vitales de todos. Requiere tu plena concentración. Cuanto más se separa la parte laboral de la parte privada, más duradera será la primera.

No estoy diciendo que no haya comprensión a las realidades personales de cada uno. Pero confundir esa frontera comprometería el futuro de todos. Como empresario debes velar por la supervivencia del conjunto. Eso requiere cierta frialdad, valor y determinación para lograrlo. No se puede perder de vista el objetivo. Y el objetivo de toda empresa es generar ingresos, incluso si es sin ánimo de lucro. Sin trabajar con perseverancia no se logra el éxito. Nuestro estado anímico puede llegar a ser un enemigo importante y conviene dominarlo. No te dejes arrastrar por los sentimientos, ni los tuyos ni los de los demás.

No hay que confundir la retención de personal con la condescendencia. El equipo debe estar a gusto, pero no porque se tolera cualquier actitud o comportamiento. Como empresario, el liderazgo te corresponde a ti y conviene no olvidarlo. Crear un clima de confianza no significa comulgar con cualquier opinión, idea o acción. Debes garantizar el rumbo. Escuchar, respetar y admitir ideas, así como mostrar comprensión mediante acciones fehacientes, es importante. No se trata de ser un déspota ni dictador, pero una empresa no es una democracia. Debe haber unas reglas de juego y no todo el mundo se adapta.

Retener el personal requiere que tu empresa crezca, que demuestres que las reglas de juego funcionan y son productivas. También requiere fijarse en la carrera profesional de cada uno, no acomodarte en la asignación de las responsabilidades a los profesionales. Ponte en su lugar, recuerda tu propia evolución laboral. Las personas queremos progresar, mejorar en conocimientos, crecer en responsabilidad y también en salario. No somos máquinas. Aprender algo nuevo es motivante, pero una vez se domina y se siente uno seguro en las tareas encomendadas, arranca el temporizador del aburrimiento. Estate atento a esta cuenta atrás y ponte alarmas.

No es más complejo de lo expuesto. Y aun preocupándote por todo ello, algunos empleados acaban marchándose. Aunque conviene prestar atención al hecho, no intentes entenderlo. Reacciona rápido y convierte la contingencia en una oportunidad para los demás.

Siempre que se pueda, debe utilizarse la salida de un trabajador para promocionar el equipo y reforzar por debajo. La salida de un empleado, por mucha experiencia que tenga, suele ser sustituible por personal en plantilla que está ansiando crecer. Por comodidad buscarías un perfil similar, pero el mensaje subliminal a tu equipo sería que no confías en ellos. La promoción interna tiene efectos maravillosos y empresarialmente es mucho más racional. No conozco ninguna empresa que haya podido tener un crecimiento a la velocidad de las ansias de crecimiento de sus empleados. Los empleados suelen ser más rápidos en aprender que las empresas en crecer. Aprovéchalo.

Muestra determinación, valentía ante retos y una comprensión medida, mientras corres sin descanso para hacer crecer la empresa. Las oportunidades se crearán al crecer el negocio. Los problemas personales se relativizan cuando se presentan nuevos retos. Preocúpate de los que están en el vagón, no de los que quieren apearse.

Sustituir personal

Prescindir de un empleado es estresante, incluso si este no se ha integrado como estaba previsto o supone claramente un perjuicio para la organización. Rescindir contrato es abandonarlo a su suerte y reengancharse a otro empleo nunca es fácil.

Pero, si tienes dudas de un empleado, no dejes pasar el tiempo. Debes dar una oportunidad de corrección, hablándolo con claridad y si no observas ningún cambio, procede con la rescisión sin pensártelo.

No soy partidario de disfrazar argumentalmente una rescisión de contrato. Creo que encierra una oportunidad para ambas partes. La empresa se desprende de un problema y la persona afectada puede replantearse su desarrollo profesional. Siempre que me he encontrado en esta situación, he aprovechado para hablarlo con franqueza y valor.

Si un empleado no encaja en una estructura, no hay que forzar nada. Las personas difícilmente cambian y la sociedad es suficientemente diversa para dar cabida a todo tipo de caracteres. Nunca adecúes tu estructura a las necesidades de un profesional, por mucho que lo aprecies y por muy imprescindible que parezca.

Pasado el mal trago, al poco tiempo está olvidado. La vida continúa y la sociedad no funcionaría si solo unos pocos consiguieran un empleo. El encaje de personas es un problema multifactorial demasiado complejo para entenderlo en una empresa. No hay tiempo para investigar. Observa, avisa y toma la decisión si ves que nada cambia.

29 ENFERMEDADES ORGANIZATIVAS

Reinos de taifas, abusos de poder y rumorología, una trilogía de enfermedades empresariales vírica a combatir.

La gestión de personas es compleja. Se entremezclan sentimientos, miedos, ambiciones, envidias y necesidades. Hay que estar muy atento para no perder el control. Cuanto más vertical la estructura, más riesgos encierra. No todo el mundo tiene la integridad moral para dirigir personas.

En las empresas se hace poca formación en recursos humanos. No se tiene en cuenta que la gestión de personas es una ciencia y que hay mucho conocimiento científico sobre el tema. Dirigir un equipo y responsabilizarse de personas, requiere conocimientos. Puede conseguirse mediante un método empírico, sobre todo si se cuenta con buenos jefes, pero valdría la pena dar pautas específicas a toda la plantilla.

El empoderamiento de las personas se consigue delegando responsabilidades y autorizando a tomar decisiones. Pero, en la medida de lo posible, debe integrarse esta cultura en todos los niveles de la estructura organizativa. Si el empoderamiento termina en una jefatura, los demás se convierten en simples súbditos. Una forma de romper estos roles de poder es crear una estructura matricial en la que los empleados tengan distintos roles y coincidan con diferentes compañeros según el proyecto.

Evitar los reinos de taifas

Mediante una estructura matricial se puede limitar el poder de los responsables de equipo sobre sus miembros. Al no coincidir las mismas personas en todos los proyectos y al variar el grado de responsabilidad de los miembros según sea uno u otro cliente, la interrelación entre los empleados es más equilibrada. El poder de decisión de un empleado varía según el proyecto. En algunos es subordinado, en otros, ocupa la jefatura. Durante la jornada laboral de un trabajador, el empleado pasa por distintos niveles de responsabilidad según se dedica a uno u otro proyecto.

Vamos a verlo gráficamente. La estructura jerárquica tradicional en las empresas suele representarse de la siguiente manera:

Organigrama tradicional y jerárquico. Es la típica estructura vertical tradicional. Se encabeza por una jefatura y se desglosa por responsables intermedios, así como el resto de los empleados. El máximo poder reside en Berta, mientras el mínimo poder lo ejercen Pol, José y Susana.

En empresas estructuradas verticalmente, si fuese una agencia de publicidad, se asignaría un conjunto de clientes a cada equipo. Berta sería la máxima responsable de todos los clientes asignados a sus tres subgrupos, mientras Juan, Silvia y Raquel trabajarían preferentemente para una parte de los clientes. Todos los clientes tendrían como máxima responsable a Berta y como segunda línea a Juan, Silvia o Raquel según caigan en uno u otro subgrupo.

Esta forma organizativa hace muchos años que existe y funciona. No obstante, tiene ineficiencias de productividad, puede encerrar relaciones de poder nocivas y es empresarialmente más costosa.

Además, como responsable de empresa, en una estructura vertical los interlocutores naturales son siempre los del nivel inmediatamente contiguo. Nunca podríamos saltarnos a Berta si no queremos generar un conflicto de confianza. Tampoco Elisabet podría llegar a Berta sin saltarse Juan.

Como empresario, nunca sabrás qué ocurre de verdad en los niveles inferiores. No es fácil detectar abusos de poder, maltrato psicológico, repartos injustos de tareas o tensiones laborales debido a la falta de integridad moral en los distintos niveles de jefaturas. Tampoco es fácil descubrir nuevos talentos. Los jefes tienen tendencia a taparlos por sus propios miedos.

Una forma de empoderar más personas y crear un ambiente más distendido, es girar la estructura y en lugar de situar en la cúspide a un profesional, situar el mismo cliente como inicio de la estructura. Veamos cómo podríamos reestructurar la agencia del ejemplo anterior:

	Cliente A	Cliente B	Cliente C	Cliente D
Berta	Responsable			Responsable
Juan		Responsable	Miembro	
Silvia	Miembro		Responsable	
Raquel		Miembro		
Elisabet			Miembro	
Pedro				Miembro
Susana				Miembro
Pol	Miembro	Miembro		
José				Miembro

En una estructura matricial, en lugar de organizar la empresa por grupos de profesionales y asignar una serie de clientes a esos grupos, se forman grupos por cliente o proyectos. De esta manera, no solo se rompen las relaciones de poder, sino que se optimiza mucho mejor los recursos asignados a cada proyecto.

Aunque Berta probablemente sea la profesional más experimentada, es muy posible que no haga falta en todos los proyectos. En una estructura matricial, todos los empleados desempeñan diferentes roles según el proyecto.

Las estructuras matriciales están mucho más focalizadas al cliente. Permiten destinar los mejores perfiles a cada cliente y rompen la relación de poder de un equipo tradicional. Aunque los superiores siguen pudiendo ejercer su poder sobre los subordinados, al no coincidir en todos los proyectos con los mismos empleados, se generan válvulas de escape que permiten crecer a todos.

Hace años introduje este cambio organizativo en la agencia que trabajaba. Al inicio se crearon situaciones de tensión y algunos profesionales, especialmente los que tenían un cargo elevado, abandonaron el barco al verse desposeídos de poder. Pero ese era justo el objetivo; que no pudiese haber una concentración de poder en pocas personas y que la dirección de la empresa pudiese tener acceso directo a cualquier nivel de la estructura.

En una estructura matricial hasta es posible componer un equipo entre el máximo responsable de la empresa y un junior de la oficina. Nadie se molestaría. Nadie se sentiría desautorizado. Hay situaciones de clientes que no hace falta más equipo que el apuntado. El cliente, además, se sentiría bien atendido, porque contaría con el mejor equipo. El junior tendría además una oportunidad de aprendizaje que, en otras estructuras, tardaría años en llegar.

La composición de una estructura matricial es más difícil de retener mentalmente, sobre todo si la empresa tiene cierto tamaño. No resulta fácil acordarse de la composición de profesionales para cada proyecto. Requiere tener una chuleta[38] de la composición del equipo para cada cliente. Pero hay enormes beneficios tanto para los profesionales como para el cliente y la propia productividad de la empresa. Es fácil calcular la carga de trabajo de cada uno y si un cliente tiene o no suficiente equipo. Por el contrario, requiere buena relación entre todos, ya que es fácil escabullirse de tareas alegando urgencias en otros proyectos.

Lo que sí se elimina de un plumazo son los reinos de taifas. Como responsable de empresa puedes dirigirte a cualquier profesional para encargarle tareas, sin provocar una sensación de falta de confianza en los jefes de equipo. Como máximo responsable no estás sometido a las explicaciones de estos últimos. Puedes dirigirte a cualquier nivel sin herir sensibilidades. La estructura matricial fue un gran descubrimiento organizativo.

---

[38] En Medialog trabajamos con Factorial, un software de recursos humanos de última generación. Entre otras ventajas, podemos definir la estructura matricial porque han contemplado una tabla llamada "equipos". Un equipo en una estructura matricial es un proyecto o cliente, y permite asignar un responsable y unos miembros de equipo.

Evitar abusos de poder

Si quieres avanzar como directivo, debes delegar. Delegar no es pasar simplemente la responsabilidad, sino autorizar a quien hayas delegado a tomar decisiones. No se debe delegar solamente la tarea, sino también la toma de decisiones con respecto a esa tarea.

Desprenderse de esa responsabilidad y pasarla a una persona de menor rango, suele ser lo que más cuesta a los directivos. Hay que saber encajar posibles errores y asumir que quizá el destinatario de la tarea piensa de forma diferente. Delegar sin apoderar en la toma de decisiones es inútil y no permite crecer.

Ahora bien, delegar tampoco significa olvidarse por completo de lo que vaya a ocurrir. No todos los empleados tienen la misma integridad moral y cuesta descubrirlo. Encargar a tu equipo que llegue antes al puesto de trabajo para poner en marcha tu ordenador y prepararte un café, es un evidente abuso de poder. Es un caso real que conocí años más tarde y que jamás me hubiera imaginado. Aunque no habrá provocado un daño psicológico en los subordinados, obviamente es un aprovechamiento perverso del apoderamiento y un ejercicio despótico del poder. Si delegas, no dejes de observar.

Hay abusos de poder en todos los niveles, desde el consejero delegado al responsable de menor categoría en una empresa. Lo he visto en todas las categorías profesionales. Conviene proteger a todo el mundo de este tipo de excesos y establecer unos protocolos de denuncia seguros y realmente anónimos. Las quejas tienen que llegar a varias personas con capacidad de decisión. No sirve que sea únicamente recursos humanos, porque si el abuso de poder naciera de ahí, el mal sería aún más perverso.

Implementar una estructura matricial, donde las personas ocupan distintos puestos de responsabilidad según el proyecto, es un buen mecanismo para liberar los trabajadores de un posible abuso de poder en una estructura de mando. Al no coincidir con las mismas personas en todos los proyectos, los empleados tienen una alternativa para desarrollarse profesional y personalmente.

Rumorología

La rumorología ha sido analizada científicamente y existen modelos computacionales para calcular la velocidad de difusión de los rumores. El fenómeno de la rumorología ha sido objeto de tesis doctorales[39] y se lleva analizando desde diferentes perspectivas.

Aunque muchos de los rumores versan sobre cuestiones cotidianas y de relativa transcendencia, también pueden generar reacciones en forma de acciones, con consecuencias potencialmente negativas para empresas y grupos sociales. Por ejemplo, el rumor que un banco pueda hacer fallida se puede traducir en una reacción de pánico por parte de los clientes y precipitar a la entidad bancaria a una fallida de verdad.

Es casi inevitable que en una empresa no haya rumores, aunque muchos no tienen capacidad de influir directamente en el ambiente de la empresa. Ahora bien, los rumores no hacen ningún bien, desorientan a la plantilla y pueden precipitar acciones que, de no existir, no se hubieran producido. Por ejemplo, la estabilidad laboral se puede ver alterada porque corre el rumor que la empresa no está consiguiendo los resultados previstos.

En el ámbito de la empresa privada no se suele tener tiempo para realizar complejos análisis sociológicos. Pero, aunque los fenómenos nunca tienen una explicación sencilla, una de las fórmulas de gestión de rumores que siempre me ha acompañado es la siguiente:

$$\text{Rumor} = \text{incertidumbre} \times \text{importancia}$$

Posiblemente falten variables explicativas como la ansiedad, la credibilidad, el interés, etc. Pero, si como gestor detectas un rumor potencialmente nocivo para la empresa, actúa al menos sobre uno de los factores de la fórmula, reduciéndolo a cero. Al tratarse de una multiplicación, si consigues reducir a cero cualquiera de los dos, la velocidad de difusión y desarrollo quedará muy mermada.

La incertidumbre se combate con la transparencia de la información, siendo claro, coherente y sincero. De esta forma, la incertidumbre

---

[39] Ulianov Tapia Tejada, E. (2013). Un estudio dinámico sobre la difusión de rumores. [Tesis de Doctorado, Universitat Autònoma de Barcelona, Facultad de Ciencias Políticas y Sociología]. http://www.tdx.cat/bitstream/10803/129403/1/eutt1de1.pdf

desaparece, porque todos cuentan con información creíble y de primera mano. Cuando desaparece la incertidumbre, por muy importante que sea el asunto del rumor, no se desarrollará.

Si las circunstancias no permiten aclarar el asunto por falta de información o certeza, se puede actuar relativizando la importancia del asunto. Por ejemplo, si peligrara un cliente importante de la empresa y no puede desmentirse objetivamente, sí se puede documentar cómo afectaría a la empresa la pérdida. A veces, clientes con una facturación voluminosa no son necesariamente la clave de la viabilidad económica de una compañía. La pérdida de la producción no necesariamente tiene un efecto proporcional en ingresos. De esta forma, restaríamos importancia al asunto y desmontaríamos la capacidad del rumor de generar ansiedad.

He vivido casos en los que un cliente grande aportaba un ingreso irrisorio a la cuenta de resultados. Perderlo no solo no hubiera tenido ninguna consecuencia económica, sino que hubiera beneficiado la carga de trabajo. Al tener un efecto prácticamente nulo en los resultados económicos, el rumor difícilmente progresaría, porque no tiene la relevancia económica que la plantilla se imaginaba.

Finalmente, la mejor fórmula para evitar muchos problemas de ambiente en una empresa es tener continuo éxito comercial. Cuando las interacciones cotidianas se reducen a lo imprescindible porque no hay tiempo que perder, la rumorología tampoco fructifica. La rumorología solo crece cuando hay tiempo para dedicarse al rumor.

30 CUANDO SIENTAS LA INERCIA, INNOVA

La inercia no es un perpetuum mobile. Lo aparenta, pero no lo es.

En todas las empresas que he estado y especialmente en las que arrancábamos desde cero, llegaba un momento en que percibíamos la inercia. Cuesta mucho arrancar un negocio, incluso si cuentas con el logo de una multinacional. Los clientes llegan muy poco a poco. Al principio, además, los gastos son superiores a los ingresos, especialmente si arrancas en nombre de una multinacional. Esto hace que sea aún más difícil coger velocidad porque se van acumulando las pérdidas.

Cuando te encargan abrir una filial de una multinacional no suelen dejarte completamente solo. Al menos cuentas con uno o dos trabajadores, que te ayudarán a organizar el inicio. Pero, un par de trabajadores más tu salario ya suman una buena cantidad de dinero. Al no haber ingresos, las pérdidas crecen rápidamente.

Esto solo ocurre con empresas muy grandes. Aunque no les gusta perder, han aprobado un plan de expansión y ya cuentan con unos meses de pérdidas. En una empresa más pequeña o la tuya propia, un inicio así sería impensable. Arrancarás solo y sin sueldo. Aunque parezca peor, en realidad es mejor. No tendrás pérdidas y nadie te presionará en conseguir resultados inmediatos. La cuenta de resultados negativa solo se dará en tu ámbito privado.

Una vez arrancas, poco a poco irás consolidando. Conseguirás una presentación, un pequeño encargo, un cliente, luego dos y pronto pensarás en formar equipo. Y así irá avanzando, más lento de lo que te gustaría, pero si tienes perseverancia, irá creciendo. Este proceso puede durar muchos meses, así que paciencia. Tras uno o dos años, comenzarás a tener una pequeña cartera de clientes, los ingresos cubrirán los gastos y la empresa irá creciendo en número de proyectos y empleados.

Sin casi notarlo, de repente empezarás a tener un flujo de dinero considerable y lo más importante, empezarás a notar que la empresa tiene inercia propia. En todas las ocasiones que he iniciado, lo he percibido. Siempre más tarde de lo que me hubiera gustado, pero al final, como no dejábamos de insistir y trabajar, comenzaba a sentir que la empresa empezaba a rodar incluso si no hacíamos ninguna llamada. Es un momento muy placentero. Te percatarás fehacientemente que la empresa puede llegar a funcionar y que probablemente tendrá éxito.

Ahora bien, cuando notas la inercia no es el momento de apalancarte. Al contrario, la inercia sirve para desarrollar tu negocio con mayor reflexión. No hace falta avanzar a salto de mata. Ahora bien, si no siguiéramos empujando, al cabo de unas semanas se iría ralentizando casi imperceptiblemente y volvería a detenerse.

En el momento que notes inercia, ponte a innovar. Emprendiendo con éxito no hay descanso, no te engañes.

31 MURPHY EXISTE

Existe la posibilidad de que sea un bólido procedente del espacio exterior el que pueda cambiar la trayectoria de nuestro planeta, a la vez que contribuir a la destrucción del equilibrio termodinámico.
Eudald Carbonell, Catedrático de Prehistoria (URV)

La ley de Murphy hace años que se conoce. Aunque es una visión pesimista del futuro, la realidad es que pasa. La ley de Murphy postula que, si algo puede pasar, pasará. En mi experiencia laboral, no solo he visto que pasara, sino que solía ser peor de lo esperado.

Aunque como emprendedor no debes ser negativo, es un buen ejercicio empresarial tener en cuenta esta casuística. Es como las pruebas de resistencia bancaria, donde se simulan unos escenarios para evaluar la estabilidad de la entidad.

Basta pasearse por cualquier lugar turístico para darse cuenta de que nadie se esperaba una pandemia como la del Covid19. Bill Gates advirtió cinco años antes del estallido del virus que no estábamos preparados y que convenía reforzar la sanidad. No se quedó en una epidemia, sino que fue mucho peor de lo esperado.

Miles de negocios han sido borrados literalmente del mapa y solo resistieron los que tenían ahorros, pocas deudas o unos ingresos alternativos para resistir el largo periodo de inactividad.

Es conocido el caso del gobierno austríaco que se está preparando para la amenaza del *blackout* eléctrico. Aseguran que en el 2025 sus principales organizaciones militares y civiles serán autosuficientes para resistir un fallo eléctrico generalizado durante un tiempo ilimitado. De hecho, con la guerra de Ucrania y la crisis energética, muchos países tienen ya elaborados planes de contingencia y medidas drásticas de ahorro de energía. Algunos contemplan cortes totales de suministro eléctrico[40].

¿Estoy exagerando? La pandemia nadie se la esperaba. Pensábamos que era imposible, que era de tiempos remotos cuando la medicina y sanidad todavía no tenían el desarrollo que conocemos hoy en día.

Murphy existe porque nos equivocamos o porque son circunstancias difícilmente imaginables. Cuando todo marcha bien, no nos acordamos de nuestra vulnerabilidad. Pero lo seguimos siendo y conviene prepararse.

Anticiparse a contingencias puede ser de asuntos tan básicos como la seguridad informática, las copias de seguridad, el plan B por si un acreedor decide descontinuar su servicio. No debemos acomodarnos y conviene pensarse pruebas de resistencia.

En algunos países como España, por ejemplo, determinadas medidas de seguridad como copias de seguridad para recuperar la información en caso de pérdida, son de obligación legal. Muchas pequeñas y medianas empresas desconocen este detalle.

Ser empresario no solo significa mirar hacia delante, sino también asegurar que, si Murphy se presenta, tengamos alternativas para sobrevivir y dar continuidad a nuestra actividad.

No es una cuestión de si ocurre o no, sino de cuándo ocurre. Y como desconocemos la fecha, cuanto antes nos preparemos, mejor. Así, cuando sea el momento, tendremos más probabilidades de sobrevivir como empresa. Nuestra reciente experiencia trasladándonos a Asia y pudiendo trabajar con total normalidad, ha sido una buena prueba de estrés.

---

[40] En casos extremos, el cantón de Zúrich se queda sin electricidad doce horas al día: https://www.nzz.ch/zuerich/zuerich-stromausfall-zwoelf-stunden-pro-tag-moeglich-ld.1704661

32 NO TE OLVIDES DE VIVIR

Si puedes, trabaja temporadas en remoto. Nadie se percata de tu ausencia. Te convertirás en un empresario mucho más consciente.

El catorce de junio de dos mil veintidós, a las nueve y media de la mañana, salía mi vuelo hacia Indonesia. Tenía sentimientos contradictorios. Mientras la cabeza me decía márchate, el estómago enviaba señales de alerta.

Los humanos tenemos dos sistemas nerviosos muy potentes, uno en la cabeza y el otro en el estómago. Dicen los neurólogos que el segundo es más antiguo y sabio. De hecho, nuestro estómago sigue digiriendo, aunque el superior deje de funcionar. Por eso, cuando percibo señales del estómago, siempre me preocupo.

Mentiría si dijera que lo teníamos todo bajo control. Lo imprevisible es difícil de prever. Habíamos planificado el trabajo en remoto durante muchos meses y tuvimos que ir aplazándolo por las continuas restricciones sanitarias. El plan era marcharme por cuatro meses. No había volado nunca hacia el este y menos tan lejos.

Llegué a las veinticuatro horas tras un viaje agotador, pero ilusionado. Salirte de tu espacio de confort es muy importante. Pasé la pandemia recluido en mi hogar como todo el mundo e iba aplazando el proyecto en espera de la apertura de fronteras de los países. Finalmente llegó el día. En España quedaba mi socia de la agencia. Ante cualquier imprevisto, ella podía responder con la ventaja de la proximidad.

Informé a nuestro equipo tres semanas antes del despegue. Estábamos reunidos en Utopicus, un magnífico coworking en el centro de Barcelona. Les dije que tenía dos noticias importantes a comentar. Estaban todos tensos. Las novedades en una empresa siempre inquietan al equipo.

—¿Os acordáis cuando os mostré esta diapositiva? —comencé a decirles, mientras en la pantalla se proyectaba a un niño pensativo mirando por la ventana de un avión en pleno vuelo—. Os dije que nuestra agencia iniciaba un viaje a una tierra desconocida tras todo lo vivido por la pandemia. Pues, ha llegado el momento de dar el paso. —Todos estaban en total silencio—. A partir del quince de junio —continué— mi prefijo del móvil cambiará de +34 a +62. Como sabéis, el sesenta y dos corresponde a Indonesia.

Quedaron todos boquiabiertos. No sabían qué estaba pasando. Preguntaron si me iba a Indonesia para quedarme, si iba solo, si me desligaría de la empresa.

—Me voy a trabajar en remoto literalmente —respondí—. Haré de nómada digital. Quiero comprobar si nuestra agencia funciona incluso a una distancia muy lejana. Tendré otra infraestructura de comunicaciones y estaré pendiente de una conexión de Internet que cruza medio globo.

Pero tenía una segunda noticia. Hubo un momento de contención de respiración.

—Lo segundo que os queremos decir —les explicaba— es que no viajaré solo. Uno de vosotros vendrá también a Asia.

Entre los socios habíamos decidido apartar un dinero y patrocinar a uno de nuestros empleados para trabajar desde Bali. Lo ofrecimos a los más jóvenes de nuestra plantilla. Queríamos que fueran personas que tuvieran todo su futuro profesional por delante y con unos compromisos familiares todavía flexibles. Además, para un mejor encaje en una comunidad de nómadas que no suele pasar de los treinta y cinco años, tenían que ser jóvenes. No se trataba de unas vacaciones pagadas, sino de una experiencia de vida. Queríamos que fuesen compañeros abiertos a explorar nuevos caminos y nuevas formas de organizar el trabajo.

Nuestros empleados podían postularse libremente y entre todos votamos al candidato que se vendría finalmente a Indonesia. Cada uno de nosotros teníamos un solo voto. No se permitía el auto voto y nuestro *Happiness Manager* se encargaba de supervisarlo recogiendo el voto de uno en uno. El resultado era secreto. Ni los socios supimos quién votó a quién. Solo se anunciaba el ganador sin dar más detalle sobre el número de votos acumulados. No queríamos crear ningún conflicto por falta de apoyo ni tomar una decisión unilateral. Era una decisión colegiada de todo el equipo.

A las tres semanas de estar en Denpasar, ya con cierta rutina y superado algún que otro susto tecnológico inicial, organicé un taxi que fuera a recoger a nuestra empleada. Vino con su novio, un programador cuyo empleador no tuvo ningún reparo en permitirle acompañar a su compañera de vida. ¡Las empresas modernas existen!

Teníamos seis horas de ventaja sobre el horario europeo. Mientras nosotros desayunábamos, nuestro equipo de la agencia dormía. Teníamos las mañanas libres para conocer, explorar y, en mi caso, también escribir. Somos extremadamente afortunados, pero nadie puede negarnos el valor de haber dado este paso. No cualquiera se atreve a trabajar remotamente durante tantos meses, teniendo una empresa con empleados y una buena cartera de clientes[41].

Muchos piensan que me he ido de vacaciones porque no entienden que el mundo ha cambiado. Para los más tradicionales, el trabajo en remoto es incontrolable. Bali suena además a paraíso, playas y *mocktails* de coco. Pero no tienen ni idea de la realidad del destino. Desconocen el espíritu emprendedor de los balineses. No se imaginan lo audaces que son y lo mucho que podemos aprender. Un buen amigo y cliente me dijo en un almuerzo a mi vuelta: el teletrabajo es el gran engaño para las empresas, es mucha tele y poco trabajo. Nuestra experiencia en la agencia es todo lo contrario. La productividad es tan alta que nos preocupa que no desconecten.

Viajar y trabajar en remoto imposibilita olvidarse de vivir. Es un buen antídoto para evitar el exceso de productividad. Si tienes la oportunidad, si como empresario lo puedes fomentar, no desperdicies la ocasión. Dales libertad a tus empleados y predica con el ejemplo.

---

[41] En Tailandia conocí a un empresario polaco que llevaba ocho meses en Asia y tenía 250 empleados en Polonia y otros continentes. Siempre encuentras alguien más valiente todavía.

33 DESCARGO DE RESPONSABILIDAD

El contenido de este libro refleja las vivencias personales de su autor y no supone ninguna garantía para tener éxito empresarial. El autor no asume ninguna responsabilidad por decisiones tomadas en base al contenido de este libro.

La creación de empresa encierra múltiples riesgos y la probabilidad de fracaso es mucho mayor que la de éxito. Ya lo demuestran así las estadísticas de supervivencia de nuevas empresas, desapareciendo una gran mayoría en los primeros tres años.

El éxito de una empresa no se explica por el acierto de una persona. Suele ser fruto de la buena suerte, del acierto y perseverancia de los socios y del buen trabajo desarrollado por el equipo que conforma la empresa. El éxito empresarial suele tener una explicación multifactorial.

Las condiciones de mercado son muchas veces impredecibles y varían por una multitud de factores. El lector queda advertido que replicando las ideas apuntadas en este libro no garantizan un resultado necesariamente satisfactorio.

Es responsabilidad del lector lo que decida respecto a su empleo y proyecto empresarial. Buena suerte.

Conceived in Payangang Gianyar, Bali, Indonesia
Developed in Nyuh Kuning, Ubud, Bali, Indonesia
Concluded in Chiang Mai, Thailand 2022

SOBRE EL AUTOR

Philipp es publicitario y Agency Partner de la agencia de medios Medialog. Acumula una larga experiencia en grandes multinacionales donde aportaba ganancias incluso durante severas crisis financieras. Aprendió a organizar el trabajo con equipos insuficientes y a superar continuos recortes de gastos.

Finalmente, tras renunciar al cargo y salario de directivo, retornó al sector privado para reemprender, junto a un excelente equipo, lo que sabían hacer para empresas cotizadas. Actualmente Medialog está innovando en el modelo empresarial y en la organización del trabajo en remoto.

Colaboró como profesor universitario formando a más de mil alumnos en su especialidad publicitaria. Muchos de sus estudiantes ocupan puestos de responsabilidad en grandes agencias de publicidad.

www.ingramcontent.com/pod-product-compliance
Lightning Source LLC
Chambersburg PA
CBHW020658220526
45464CB00001B/488